EKKEHARD KLAUSA

Soziologische Wahrheit zwischen subjektiver
Tatsache und wissenschaftlichem Werturteil

Soziologische Schriften

Band 12

Soziologische Wahrheit zwischen subjektiver Tatsache und wissenschaftlichem Werturteil

Wissenssoziologische Überlegungen, ausgehend von Alvin Gouldner

Von

Ekkehard Klausa

DUNCKER & HUMBLOT / BERLIN

Alle Rechte vorbehalten
© 1974 Duncker & Humblot, Berlin 41
Gedruckt 1974 bei Buchdruckerei Bruno Luck, Berlin 65
Printed in Germany
ISBN 3 428 03279 9

Meinen beiden hilfreichen Kritikern
aus der
fakten-positivistischen Weber-Schule*
und der
wertungs-positivistischen Horkheimer-Schule**,
Hans-Werner Mundt
und
Alexander von Brünneck,
freundlich-polemisch zugeeignet

---

* Vgl. unten. Zweiter Teil, IV. 2.
** Zweiter Teil V. 1.

Inhaltsverzeichnis

Persönliche Einleitung. Zugleich auch sachliche 9

Erster Teil

**Charakter und Möglichkeiten der Soziologie
in Alvin Gouldners reflexiver Perspektive**   14

I. Die Entwicklung der Sozialwissenschaft nach Gouldner 14
    1. Subtheoretische Basis 14
    2. Theorienwandel 17
    3. Zum Beispiel: Die Welt von Parsons 18
    4. Programm einer Reflexiven Soziologie 20

II. Die Entwicklung der Naturwissenschaft nach Kuhn 21
    1. Normalwissenschaft und Paradigma 21
    2. Krise und Revolution 22

III. Gegenüberstellung Gouldner - Kuhn 25
    1. Übereinstimmungen 25
       a) Paradigma 25
       b) Krisentheorie 30
       c) Erklärungsebenen 30
    2. Der Unterschied 31
    3. Vom Wesen der Soziologie 34

IV. Immanente Grenze von Gouldners Wissenssoziologie 34

V. Die Fruchtbarkeit der Gouldnerschen Perspektive 36
    1. Vieldeutigkeit 36
    2. Mögliches Forschungsprogramm 38
       a) Zum Beispiel: Theorienvergleich über „Neue Linke in den USA" 39
       b) Die Frage nach dem Werturteil 42

Zweiter Teil

Der Ort des Werturteils in der Wissenssoziologie von Gouldner und Mannheim   43

I. Gouldners Werte: Woher? 43

II. Mannheims Urteil über die „Zeitgemäßheit" 47
    1. Der total-allgemeine Ideologiebegriff 47
    2. Das erborgte „Sein" 50
    3. Das „ekstatische Außerhalb" 51

III. Das Kontinuum zwischen Fakt und Wert 52
    1. Das reine Ansich 52
    2. Choses sociales 54
    3. Das reine Füruns 55
    4. Das Kontinuum 57

IV. Ort der Soziologie zwischen Ansich und Werturteil 58
    1. Mannheims Ausrede der Unzuständigkeit 59
    2. Das „Ekstatische" als regulatives Prinzip 62
    3. Der moralische Diskurs als topisches Verfahren 65
        a) Topik als praktische Philosophie 66
        b) Zum Beispiel: Topische Jurisprudenz 69
        c) Topik und Soziologie 73

V. Einwände 75
    1. Wertungspositivisten 75
        a) Horkheimer 75
        b) Sklair 76
    2. Habermas' Diskurs — topisches Verfahren und selbst ein Topos   79

VI. Schlußfolgerung: Vom Wert der Wissenssoziologie 81

Literaturverzeichnis 85

Zitierweise

Die Jahreszahl in Klammern hinter dem Autorennamen verweist auf das im Literaturverzeichnis unter dem betreffenden Jahr aufgeführte Werk. Sind in einem Jahr mehrere Werke erschienen, so steht hinter der Jahres- eine Ordnungszahl: z. B. Kuhn (1970, 2).

Persönliche Einleitung. Zugleich auch sachliche

Warum ich mich für Alvin Gouldners wissenssoziologische Theorie über Theorien[1] interessiere, erklärte sich am besten mit seinen eigenen Kategorien, die doch erst darzustellen sind. Gouldner führt, kurz gesagt, die Unterschiede zwischen Sozialtheorien auf individual- und sozialpsychologisch vermittelte Neigungen der Theoretiker zurück. Aus einer Fülle von theoretischen Möglichkeiten — Problemen, Modellen, Instrumenten — wählt der Theoretiker nicht rational, sondern emotional aus. Die entscheidende Weiche für Theorie ist also bereits im vortheoretischen Raum gestellt.

Gouldners Lehre erscheint, auf sich selbst angewendet, aus einem relativistischen Lebensgefühl geboren. Nicht erst die Ergebnisse dieser Theorie als Erkenntnis objektiver Tatbestände führen zum Relativismus, sondern schon die vortheoretische Weiche müßte — nach Gouldner — in diese Richtung gestellt sein[2].

Erkenntnistheoretischer Relativismus ist nach Kenneth Keniston ein Kennzeichen des Lebensabschnitts „Jugend" („youth" als sensibilisiertes Moratorium zwischen „adolescence" und „adulthood", das neuerdings größeren Bevölkerungskreisen ökonomisch offensteht und die Studentenbewegung der sechziger Jahre mit erklärt)[3].

Das Interesse dieser Arbeit an einer relativistischen wissenssoziologischen Erkenntnislehre[4] soll aber nicht einfach mit der Berufung auf die

---

[1] Gouldner (1970); Inzwischen auf deutsch erschienen: Alvin W. Gouldner, Die westliche Soziologie in der Krise, Bd. 1 und 2, Reinbek 1974.

[2] Das bedeutet nicht, daß Theorie und von ihr geleitete Forschung keine realen Tatbestände aufzeigen, sondern nur die vortheoretisch einprogrammierten Ziele als Ergebnisse ausgeben könnten. Jedoch wird die Theorie gerade denjenigen Tatbeständen besondere Aufmerksamkeit schenken und sie als beispielhaft stilisieren, die dem emotionalen Vorprogramm entsprechen.

[3] Keniston (1971, 2) S. 7 ff., 16 unter Berufung auf W. Perry.

[4] Hier wird Wissenssoziologie in einem speziellen Sinne gebraucht. Nicht allgemein als thematischer Bereich von Soziologie. In dem Sinne kann man von jeder erkenntnistheoretischen Position Wissenssoziologie betreiben, auch von solchen, die nach Mannheim „den eigenen Denkstandort absolut" setzten (Mannheim [1965] S. 70). Sondern Wissenssoziologie ist hier als die erkenntnistheoretische Position gemeint, für die Mannheims total-allgemeiner Ideologiebegriff steht: Aus der Seinsverwurzelung des Denkens wird auf die nur relative, standortgebundene, Gültigkeit der Erkenntnis geschlossen (ebd. S. 245 ff.). Vgl. Lepenies (1972) S. 113: Bei Mannheim sollte es statt „Soziologie des Wissens" eher „Soziologie der Erkenntnis" heißen.

10 Persönliche Einleitung. Zugleich auch sachliche

entsprechende Neigung eines Lebensalters gerechtfertigt werden. Das wäre allzu beliebig. Vielmehr gibt es gute Sachgründe, von einer relativistischen Erkenntnistheorie beeindruckt zu sein. Sie wird von den widerstreitenden absolutistischen, Allgemeingültigkeit beanspruchenden Erkenntnislehren ebenso nahegelegt wie etwa der religiöse Agnostizismus von einer Vielzahl einander exkommunizierender Glaubenslehren. Die Behauptung des Agnostizismus, „Man kann nicht wissen", ist durch den Zusammenprall der Alleinseligmacher zwar nicht bewiesen, wird aber zur plausibelsten aller Behauptungen. Ähnlich steht es mit der Grundthese der wissenssoziologischen Erkenntnistheorie: Wahrheit ist Standortfrage.

Diesem Plausibilitätsargument zugunsten von Wissenssoziologie folgen bei der Darstellung der Theorien Gouldners und Mannheims weitere (hoffentlich) plausible Sachargumente. Es ist hier also nicht etwa beabsichtigt, bei einer subjektiven „Dezision" für eine Theorie stehenzubleiben. Den Sachargumenten muß jedoch Kenistons Hinweis auf mögliche emotionale Neigungen zum Relativismus hinzugefügt werden. Solche Selbstrelativierung ist ein Gebot der wissenssoziologischen Konsequenz.

Vernachlässigt man sie, so gerät man in das „Dilemma des wissenschaftlichen Skeptikers"[5], der eindeutig wissenschaftliche Aussagen für unmöglich erklärt, diese seine eigene Aussage aber für eindeutig und wissenschaftlich hält. Obwohl dies dem Lügenphänomen des Epimenides ähnelt[6], erscheint die Anwendung der Wissenssoziologie auf sich selbst, also der Ideologieverdacht gegen den Ideologieverdacht, keineswegs als Absurdität, sondern als durchaus nützliche Reflexion.

Kenistons Charakteristik jugendlicher Erkenntnishaltung geht aber weiter. Er spricht nicht einfach von „relativism", sondern von „commitment within relativism", also politischem Engagement trotz kognitiver Skepsis.

Daß erkenntnistheoretischer Relativismus nicht zu Gleichgültigkeit oder Zynismus gegenüber Werten führen muß, hat schon Karl Mannheim beinahe beschwörend hervorgehoben[7].

---

[5] Lakatos (1970) S. 115, Fn. 2.

[6] „Alle Kreter sind Lügner", sagt ein Kreter und widerlegt damit, ob's stimmt oder nicht, immer sich selbst. Die moderne Logik seit Russel hilft sich, indem sie die Ebene der „Aussage" und der „Aussage über die Aussage" trennt und die Anwendung der Objektsprache auf die Metasprache kurzerhand verbietet. Vgl. Bubner (1968) S. 22 f. Um Wissenssoziologie wäre es schlecht bestellt, wenn sie zu ihrer Rettung solch ein Verbotsschild benötigte.

[7] Mannheim (1965) S. 71. Er lehnt deshalb den Begriff „Relativismus" für sich ab und sagt „Relationismus". Erkenntnistheoretisch (nicht wertphilosophisch) ist Mannheim dennoch Relativist.

Die Geltung von Werten, also handlungsanleitenden, freiwillig anerkannten Normen (im Gegensatz zu bloß juristisch oder sozial sanktionierten)[8] wird für jeden zum Problem, der sich nicht imstande fühlt, den Fakten selbst Wertpostulate funktionalistisch (wie z. B. Sklair) oder heilsgeschichtlich (wie etwa Horkheimer) abzulauschen[9].

Der Wissenssoziologe kommt leicht in die Versuchung, seiner These „Wissen ist Standortfrage" hinzuzufügen: „Wertung ist Geschmackssache". Für Gouldner wäre dies eigentlich die zwingende Folgerung aus seiner These, die wertbestimmte Entscheidung, zu welchem Ende und wie Theorie betrieben werde, sei vortheoretischer und emotionaler Natur. Das wertphilosophische Pathos jedoch, mit dem Gouldner Talcott Parsons' Grundwerte verwirft, klingt anders als die simple Feststellung einer Geschmacksverschiedenheit. Wertung scheint in Theorie selbst einen zentralen Ort zu haben, nicht nur in ihrem emotionalen Vorfeld.

Auch Karl Mannheim, der die erkenntnistheoretischen Fundamente zu Gouldners Theorie gelegt hat, will mit den Mitteln seiner Wissenssoziologie entscheiden können, ob ein Denkinhalt „zeitgemäß" ist oder nicht. Er will also ein Werturteil theoretisch begründen. Wie Mannheim und Gouldner dies mit ihren Prämissen vereinbaren, bleibt unklar.

Wie also „commitment", Wertentscheidung, mit erkenntnistheoretischem Relativismus verbunden werden kann; wie die Wertentscheidung, obwohl sie *auch* vortheretische Dezision sein mag oder sein muß, dennoch auf der von ihr beherrschten Theorie-Ebene selbst wieder thematisiert, legitimiert und modifiziert werden kann: Das ist die Frage, in die das Interesse dieser Arbeit mündet.

Diese, scheinbar lockere, Motivationskette verbindet die beiden Teile der Arbeit: (1) Die wissenssoziologische Frage nach soziologischer Theoriebildung überhaupt und (2) die Frage nach dem Ort des Werturteils speziell in Wissenssoziologie. Sicher könnte man den Problemzusammenhang stringenter formulieren. Aber das Bemühen um wissenssoziologische Selbstreflexion, „Reflexive Sociology" in Gouldners Worten, empfiehlt es nicht, die Entstehung des Problems (context of discovery) durch seine rein rationale Rekonstruktion (context of justification) zu verschleiern.

Für Max Webers Wissenschaftsauffassung ist es „stilwidrig, in sachliche Facherörterungen persönliche Angelegenheiten zu mischen"[10]. Für

---

[8] Das soll keine idealistische Festlegung sein. Natürlich existieren Werte nicht kraft Freiwilligkeit, sondern kraft Tradition, Machtverhältnissen usw., z. B. die „Heiligkeit" des Eigentums. Wenn ich aber etwas als meinen „Wert" bekenne, so hat es für mich eine *zusätzliche*, freiwillige Qualität.

[9] Vgl. unten, Zweiter Teil, V. 1. Diese beiden Möglichkeiten der objektiven Begründung von Werturteilen, die ich zur Abgrenzung der eigenen Position benutzen werde, sind natürlich nicht die einzigen.

Wissenssoziologie wäre es stilwidrig, dies *nicht* zu tun. Den persönlichen Problemzusammenhang in purem Sachinteresse auflösen, das hieße den Denkstil verleugnen, der Denkstile zu klären sich anheischig macht. Deshalb muß diese Einleitung ebenso subjektiv sein, wie die Darlegung selbst — hoffentlich — rational nachvollziehbar sein wird.

Die Kategorien, mit denen Gouldner die Entwicklung soziologischer Theorie beschreibt, sind: Paradigma, Krise und diskontinuierlicher Wandel in Sprüngen, verursacht von einem Wirkungsgeflecht aus heterogenen Faktoren — makro-soziologischen, institutions-soziologischen, sozialpsychologischen, individual-biographischen. Eine Parallele zu Thomas S. Kuhns Entwicklungstheorie der Naturwissenschaften drängt sich auf[11]. Mit ganz ähnlichen Variablen arbeitend, bringt Kuhn eine Art von wissenssoziologischer Theorie der Naturwissenschaft. Dadurch ist er mit Gouldner vergleichbar.

Sinn dieser Gegenüberstellung ist die Frage, ob Soziologie „Wissenschaft" in einem Sinne ist, der sie mit Naturwissenschaft vergleichbar macht. Kuhn verneint diese Frage und bejaht sie zugleich. Verneint sie, indem er die Soziologie dem unreifen Stande der „proto-science", der Noch-nicht-Wissenschaft, zuordnet[12]. Bejaht sie damit im Grundsatz aber auch, indem er Soziologie auf eine Reifung vertröstet, die sie mit Physik vergleichbar machen werde[13].

Die wissenschaftstheoretische Frage, ob man eine methodische Disziplinierung der Soziologie in der Art der Physik erhoffen kann und soll, steht in innerer Beziehung zur skizzierten Werturteilsfrage. Letztlich geht es darum, ob und wie Soziologie sachliche oder wenigstens persönliche Sicherheit in dem Sinne bringen kann wie Physik.

Zwar zerstört Kuhn den Laienglauben, der Physiker stelle lediglich fest, „was Sache ist" in der Außenwelt. Dennoch steht der Physiker auch nach Kuhns Abstrichen noch als einer da, der den Dialog mit einer ansichseienden Natur aufnehmen kann. Er darf von ihr Antworten erwarten, Ermutigungen und Nackenschläge. Diese Natur existiert prinzipiell „an sich", selbst wenn sie durch und für jede Erkenntnis hermeneutisch konstituiert oder gar dezisionistisch zusammengebaut werden muß.

Ein Beispiel: Alle astronomischen und sonstigen Naturtheorien, die beim Mondflug gebraucht wurden, mögen hermeneutisch begrenzt und auf ein zerstörbares Paradigma gegründet sein. Den Mond aber gibt es wirklich, außer uns, „an sich". Ihn konnten die Wissenschaftler nur ent-

---
[10] Weber (1968, 1) S. 494.
[11] Kuhn (1967).
[12] Kuhn (1970, 2) S. 244.
[13] Ebd. S. 245.

weder treffen oder verfehlen. Er gab ihnen eine Antwort, die sie ihm nicht soufflieren konnten, wie — vielleicht — der Sozialwissenschaftler der beobachteten Menschenwelt.

Gibt es für den Soziologen diese Dialogpartnerin Natur? Und wenn: Kann sie ihm Feld und Maßstab seiner eigentlichen Leistung sein? Der Charakter seiner Erkenntnisse und seiner Werturteile hängt davon ab.

Erster Teil

Charakter und Möglichkeiten der Soziologie in Alvin Gouldners reflexiver Perspektive

I. Die Entwicklung der Sozialwissenschaft nach Gouldner

Soziologen neigen nach Alvin Gouldner zu der elitären Ansicht, die Ideen anderer Menschen erwüchsen aus Vorurteilen und subjektiven Bedürfnissen, ihre eigenen folgten allein dem Diktat von Logik und Vernunft[1]. In seinem Buch „The Coming Crisis of Western Sociology" fordert er eine „reflexive Soziologie", die sich selbst mit den gleichen ideologiekritischen Maßstäben analysiert wie andere Gedankengebäude. Eine historisch informierte Kritik der Soziologie als Theorie und Institution[2] soll die Subjekt-Objekt-Trennung des rein logisch-vernünftigen Theorieverständnisses überwinden[3].

Reflexive Soziologie versteht sich ebenso als Teil wie als gedankliches Abbild der sozialen Welt[4]. Wissenschaft ist nicht nur eine Logik, sondern auch eine Ethik.

1. Subtheoretische Basis

Soziologie bringt Annahmen über Welt und Menschen nicht erst hervor, sondern geht schon von ihnen aus[5]. Sozialtheorie ist gleichsam ein wissenschaftlicher „Überbau". Ihre Eigenart ist geprägt von der subtheoretischen „Basis" (infrastructure)[6]. Diese hat zwei Elemente: (1) (Stillschweigende) Vorannahmen über Mensch und Welt und (2) Gefühle.

(1) (Stillschweigende) *Vorannahmen* (background assumptions)[7] sind stille Teilhaber und oft auch Drahtzieher der ausdrücklichen theore-

---

[1] Gouldner (1970) S. 26.
[2] S. 12.
[3] S. 495—497.
[4] S. 13.
[5] S. 28.
[6] S. 46.
[7] S. 29.

tischen Annahmen, Hypothesen oder „Postulate"[8] einer Theorie. Von ihnen hängt ab, welche Postulate ausgewählt und wie sie in die Theoriekonstruktion eingefügt werden. Es sind vorgefaßte Meinungen, intuitive Überzeugungen über Realitätsbereiche[9]. Deren Umfang ist verschieden: Es gibt Global- und Bereichsannahmen.

(a) *Globalannahmen* (world hypotheses)[10] sind „primitive Vorannahmen (presuppositions) über die Welt und alles, was darinnen ist"[11]. Sie dienen als allgemeinster Orientierungsrahmen bei der sinngebenden Erlebnisverarbeitung. Eine Globalannahme wäre zum Beispiel der Glaube, die Welt sei ein fest integrierter Wirkungszusammenhang — oder, sie sei ein amorphes Bündel zusammenhangloser Phänomene[12]. Globalannahmen kann man als Metaphysik bezeichnen[12].

(b) *Bereichsannahmen* (domain assumptions)[12] sind metaphysische Annahmen über Einzelbereiche der Wirklichkeit, etwa die menschliche Natur (Der Mensch ist rational — irrational) oder die Gesellschaft (Ihre Probleme lösen sich von selbst — nur durch Planung und Intervention).

Gouldner läßt offen, ob Theorie *logisch* notwendig von Vorannahmen geprägt ist[12]. Er hält es für möglich, weil Bereichsannahmen — etwa über die Existenz, Relevanz, Zugehörigkeit und Güte eines Gegenstandes — schon in linguistischen Stereotypen gegeben sind[13]. Gouldner beabsichtigt aber keine Erkenntnistheorie, sondern eine Erkenntnissoziologie. Er begnügt sich mit der Feststellung, daß Soziologen tatsächlich so arbeiten[14].

(2) Die *Gefühle,* zweites Element der subtheoretischen Basis, ranken sich häufig um die Vorannahmen[15]. Sie sind aber nicht dasselbe und kön-

---

[8] Ebd.: „Explicitly formulated assumptions which may be called ‚postulations'".

[9] S. 30.

[10] Dieser Begriff, den Gouldner von Stephan Pepper (A Study in Evidence, Berkeley 1942) übernimmt, paßt nicht gut. Das Wort „Hypothese" weckt die Vorstellung, es handele sich um eine explizite, vorläufige, falsifizierbare Annahme, die überprüft werden soll, etwa im Sinne der Popperschen „conjecture". Was Gouldner meint, ist aber unausgesprochen, dauerhaft, relativ immun gegen Falsifikation und zur Überprüfung nicht vorgesehen. Die freie Übersetzung mit „Globalannahme" kommt der Sache näher).

[11] S. 30.

[12] S. 31.

[13] S. 32.

[14] S. 31 f. Hierin unterscheidet sich Gouldner von Mannheim — zumindest verbal. Vermutlich will Gouldner sich nur den erkenntnistheoretischen Aufwand sparen. Bei seinem Ansatz ist es kaum denkbar, daß er erkenntnistheoretisch die Möglichkeit bejahte, man könnte anders als standortgebunden denken.

nen zu ihnen in Widerspruch treten. Eine weiße Frau mit der Vorannahme, Neger seien dreckig und abstoßend, kann sich trotzdem sexuell von ihnen angezogen fühlen[16]. Eine Dissonanz zwischen existentiellem Gefühl und normativer Vorannahme zeigt sich im Oedipuskomplex. Der Vater gilt kraft kulturell stereotyper Vorannahme als gut, aber das Gefühl ihm gegenüber ist feindselig[16]. Wird die Spannung zwischen Vorannahmen und Gefühlen zu groß, so können sich die Vorannahmen ändern.

Diese hermeneutisch-emotionale Basis von Theorie[17] ist wesentlich von zwei Einflüssen geprägt: der Gesellschaft und Kultur im ganzen und der *persönlichen Realität* des Forschers[18]. Ihr widmet Gouldner in seiner Analyse konkreter Sozialtheorien die größte Aufmerksamkeit. Charakterisiert er eine Sozialtheorie nur global, wie etwa den Positivismus Comtes oder auch die Soziologie Goffmans und Garfinkels, so nennt er fast nur makro-soziologische Erklärungsvariablen[19]. Dagegen liegt der Schwerpunkt seiner detaillierten Parsons-Analyse auf der Ebene der persönlichen Realität. Es ist deshalb wichtig, diesen Begriff zu verstehen.

Gemeint ist einmal die persönliche Lebens- und Erlebniswelt des Theoretikers: Elternhaus, Jugendeindrücke, Lebensstil. Neben diese noch weitgehend makro-soziologisch interpretierbaren Variablen tritt das individuelle Erleben des Theoretikers. Gouldner glaubt, daß die Arbeitsrichtung des Soziologen zugleich mit seiner Frau oder Geliebten wechselt[20]. Vom persönlichen Erleben hängt ab, welchen Realitätsbezirk der Theoretiker auswählt, wichtig nimmt, für relevant erklärt.

Persönliche Realität geht vor allem durch Verallgemeinerung in Theorie ein. Der Forscher verleiht dem, was er erlebt, den Rang eines *Paradigmas*[21] mit allgemeingültigen Eigenschaften. Max Webers allgemeine Theorie der Bürokratie war geprägt von seiner persönlichen Bekanntschaft mit einer bestimmten Bürokratie, dem preußischen Beamtentum.

---

[15] Das kann so klingen, als seien die Vorannahmen zuerst da und gäben den Gefühlen die Richtung (provide foci for feelings, S. 37). Gouldner beschäftigt sich nicht ausdrücklich mit der Frage, ob Vorannahme oder Gefühl primär sind. Sicher will er nicht ausschließen, daß Vorannahmen Rationalisierungen für primäre Gefühle sein können — etwa die Vorannahme „Neger sind faul" (S. 37) für das Gefühl der Angst oder Abwehr.
[16] S. 38.
[17] Bei diesem Kürzel umfaßt „hermeneutisch" allerdings nur einen Teil der Vorannahmen. Genauer müßte es heißen: „Subtheoretische Basis aus Sprachstereotypen, persönlichen Vorurteilen und Gefühlen."
[18] S. 40, 46.
[19] Vgl. unten I. 3 am Ende.
[20] S. 57.
[21] S. 44.

Gouldner benutzt den Ausdruck „persönliche Realität" schließlich nicht nur für Lebenswelt und Biographie, sondern auch für das darin erworbene „*Gefühl*, was wirklich ist"[22]. Ein Phänomen, das zu den eigenen Erlebnissen und Wünschen, der Vorurteilsstruktur nicht paßt, wird oft gar nicht als wirklich erkannt, wird vom Sieb der Wahrnehmung nicht durchgelassen.

Die subtheoretische Basis vermittelt zwischen Individuum und Gesellschaft. Makro-soziale Strukturelemente erhalten hier durch die individuelle Lebensgeschichte ihre endgültige Form.

2. Theorienwandel

Der Wandel von Theorie ist kein Vorgang innerhalb der Wissenschaftslogik. Er folgt nicht unmittelbar aus neuentdeckten Daten oder neuentwickelten Forschungsinstrumenten. Wissenschaftliche Umwälzungen sind neue Sichtweisen auf altbekannte Daten[23]. Viel einschneidender als diese oder jene Funktion von Daten ist die zugrundeliegende Änderung von theoretischen Ordnungsschemata (conceptual schemes). Sie folgt aus einem Wandel der hermeneutisch-emotionalen Basis. Jede Sozialtheorie „paßt" auf die eine Basis und klafft mit der anderen auseinander[24]. Diese Harmonie oder Dissonanz, nicht die logische Stimmigkeit, entscheidet über Annahme oder Verwerfung.

Spannungen zwischen Basis und Theorie können durch Entwicklungen innerhalb von Theorie selbst entstehen. Neue Daten und Techniken können eine Theorie von der Nabelschnur zu ihrer ursprünglichen Basis abtrennen[24]. Häufiger wird es die Basis selbst sein, die abbröckelt. Sie kann sich durch makro-sozialen Wandel radikal ändern. Dadurch können etablierte Sozialtheorien plötzlich irrelevant, langweilig, absurd oder auch offenbar falsch erscheinen, obwohl keinerlei neue „Gegendaten"[25] ins Spiel gekommen sind.

Die subjektive Basis von Soziologie wird typischerweise von einer neuen Generation mit einer eigenen solidarischen Lebenswelt revolutioniert. Diesen Vorgang beschreibt Gouldner am Beispiel der „Neuen Linken" der sechziger Jahre. Die Collegejugend kann mit dem etablierten Funktionalismus der akademischen US-Soziologie nichts mehr anfangen. Das hat Auswirkungen. Denn Studenten sind Teil des akademischen sozialen Systems, das Soziologie hervorbringt[26]. Die Professoren

---

[22] S. 41: „They seek to explain (the social world) in terms of something that they *feel* to be real".
[23] S. 34.
[24] S. 404.
[25] S. 404: without any new disconfirming evidence.
[26] S. 402.

entwickeln ihre Theorien nicht einsam im Gelehrtenstübchen, die Studenten nehmen sie nicht stumm entgegen. Merkt der Professor, daß er die Bedürfnisse der Studenten verfehlt, so gerät er unter starken emotionalen und intellektuellen Druck, seine Theorie jener Basis anzupassen.

3. Zum Beispiel: Die Welt von Parsons

Die Umsetzung biographisch bedingter Vorannahmen und Gefühle in theoretische Postulate und Systeme stellt Gouldner ausführlich am Beispiel Parsons dar. Solche „Fallstudien von Sozialtheoretikern" sollen zu einer allgemeineren Theorie über die Entstehungs- und Wirkungsbedingungen der Soziologie beitragen[27].

Die persönliche Realität des jungen Parsons bildete sich in einer blühenden konkurrenzkapitalistischen Wirtschaftsordnung. Dort galt die Vorannahme, der ungehemmte Verfolg privaten Profits verbürge zugleich das allgemeine Beste. Parsons ging es gut in dieser Welt. Er hatte seine Karriere an der höchstgeachteten Institution seines Berufsfeldes, der Harvard-Universität, eben begonnen, als der Sturmwind wirtschaftlicher Depression ökonomische und ideologische Grundfesten erschütterte. Der amerikanische Traum, die Legitimität des freien Unternehmertums waren bedroht, Marxens Todesprophezeiung für den Kapitalismus gewann erschreckende Plausibilität.

Parsons theoretische Bemühung galt fortan der Restaurierung der Wertewelt seiner Jugend. Scheinbar sind seine Kategorien so abstrakt, daß sie sich nicht speziell auf amerikanische oder überhaupt auf industriegesellschaftliche Institutionen beziehen[28]. Lange Passagen seiner Bücher verzichten gänzlich auf empirische Ausgangsdaten. Dennoch scheint die konkrete Basis überall durch. Wie der Zufall so spielt, vereinen sich die überhistorischen Abstraktionen schließlich zu einem Beweis, daß das kapitalistisch-parlamentarische System der USA das bestmögliche aller sozialen Systeme ist. Denn gerade dort sind die von Parsons gewählten „evolutionären Universalien" ideal verwirklicht: Schichtung, Markt- und Geldsystem, Bürokratie, universalistisches Rechtssystem, demokratische Vergemeinschaftungsweise. Parsons verklärt die ideologischen Lieblingskinder der free-enterprise democracy zu übergeschichtlichen Garanten von Fortschritt und Stabilität. Es ist nur logisch, daß er dem Sowjetsystem diese Stabilität abspricht. Marxens Todesprophezeiung ist damit zurückgegeben[29].

---

[27] Gouldner (1970) S. 483.
[28] Ebd. S. 169.
[29] S. 367.

Gouldner weist darauf hin, daß Parsons nach seiner eigenen Definition von „evolutionären Universalien" als Quellen generalisierter Anpassungsfähigkeit die Technik sicher nicht hätte auslassen dürfen. Das hätte es aber schwieriger gemacht, die USA als Totengräber der Sowjetunion zu stilisieren. Deshalb stuft Parsons die Technik zur bloßen „Vorbedingung" von soziokultureller Entwicklung herab[30].

Insgesamt stellt sich Parson' System als Ikone der guten alten Ordnung dar[31], um deren Erhaltung er sich neurotisch ängstigt. Parsons' Hierarchie der Werte, sein Mißtrauen gegen die ungezügelte Natur des Menschen, seine ständige Rechtfertigung bestehender Herrschaftsformen — all das läßt sich auf die konservative Basis dessen zurückführen, der vom Bestehenden profitiert und vor der Gier der Habenichtse zittert.

Gouldner versucht den Nachweis, daß die konservative Basis bei Parsons mit der bei Plato übereinstimmt. Beide treibt eine metaphysische Sehnsucht nach einer unveränderlichen Wertordnung, mag sie sich nun in ewigen Ideen oder in ewigen funktionalen Erfordernissen ausdrücken[32].

Den Theoriewandel durch Wandel in der Basis illustriert Gouldner am Übergang von Parsons zu Goffman und Garfinkel. Goffmans dramaturgisches Modell würdigt Parsons' Wertehierarchie keines Wortes. Interessant ist allein, wie man sich darstellt, wie man sich auf dem Markt der Persönlichkeiten verkauft. Es geht nur noch um manipulierbare Spielregeln, nicht mehr um tiefempfundene moralische Pflichten[33].

Garfinkel will mit seiner „Ethnomethodologie" die stillschweigenden Regeln der Interaktion aufdecken. Er entlarvt die Labilität und Willkür der sozialen Normen dadurch, daß er sie verletzt und Interaktion verfremdet. In einer Art von soziologischem Happening läßt er etwa seine Studenten zu Hause so auftreten, als wären sie Hotelgäste. Dadurch bricht die gewohnte familiäre Interaktion zusammen. Im „Edel-Anarchismus"[34] dieser Soziologie, die Anomie nicht bloß analysiert, sondern produziert, findet Gouldner ein Gefühl der Entfremdung vom Bestehenden, das für Teile der Neuen Linken charakteristisch ist. Der aktivistische Zug dieser Soziologie entspricht der Basis rebellierender Studenten.

Hinter Goffmans Soziologie der Persönlichkeit als Tauschwert[35] sieht Gouldner die Basis der politisch passiven fünfziger Jahre. Goffmans

---
[30] S. 364.
[31] S. 205 ff.
[32] S. 415 f.
[33] Gouldner (1970) S. 382.
[34] S. 394.

Frage „Wie verkauft man sich?" spiegelt die Entwicklung zu Dienstleistungsgesellschaft mit zunehmend irrationalem Belohnungssystem, wo der pure Schein zählt und Hochstapelei zum besten Erfolgsrezept wird[36].

4. Programm einer Reflexiven Soziologie

Was folgt für Gouldner aus der Basisabhängigkeit von Theorie? Wenn Soziologien nicht vorrangig Tatsachen feststellt, sondern interpretative Ordnungen schafft[37], wenn die wissenschaftliche Methode nicht einfach eine Logik, sondern eine Moral ist[38], dann muß Reflexive Soziologie die *Person* des Soziologen verändern[39] und ihn zu einer neuen Praxis anleiten. Diese Soziologie bekennt sich zum Engagement, weil sie wertfreie Wissenschaft als unmöglich erkennt. Dabei verkennt sie nicht die Gefahr des Engagements, unbequeme Tatsachen, „feindliche Information", auszublenden. Doch zieht sie diese Gefahr, in Lüge zu enden, der anderen vor, schon mit der Lüge der Wertfreiheit zu beginnen[40].

Reflexive Soziologie muß historisch sensibel die Veraltung einst aufklärerischer Ideologien erkennen. Der Liberalismus[41] der meisten amerikanischen Soziologen war in der Vorkriegszeit aufklärerisch, weil er den Unterdrückten half. Heute ist er die Rechtfertigungsideologie einer etablierten Bürokratie, die Soziologen als technische Kader benutzt. Von der politischen Praxis dieses Liberalismus muß sich die Reflexive Soziologie befreien[42].

Ihr Prüfstein ist ihre Praxis in ihrer unmittelbaren Umwelt, der Universität. Die politische Anschauung hat nur Wert, wenn sie das tägliche Leben des Soziologen prägt. Reflexive Soziologie ist kein Inbegriff technischer Fertigkeiten, sondern ein Lebensplan (conception of how to live) und eine umfassende Praxis[43].

---

[35] S. 383.
[36] S. 384.
[37] S. 484.
[38] S. 26.
[39] S. 495: „Reflexive Sociology seeks ... not an insulation but a *transformation* of the sociologist's self, and hence of his praxis in the world."
[40] S. 499.
[41] Der amerikanische ist nicht mit dem deutschen Liberalismus zu verwechseln, der historisch mit dem Laissez-faire-Prinzip assoziiert wird. Der US-Liberalismus brachte in Roosevelts „New Deal" dagegen die ersten wohlfahrtsstaatlichen Reformen, die vom Laissez-faire-Lager selbst heute noch erbittert als „Sozialismus" bekämpft werden.
[42] S. 500 ff.
[43] S. 504.

II. Die Entwicklung der Naturwissenschaft nach Kuhn

Kuhns These[1] wird nicht als eigenes Thema dargestellt und kritisiert, sondern dient nur als Bezugsrahmen für die Diskussion der Gouldner-These. Ohne eine kritische Rechtfertigung mag es willkürlich erscheinen, Kuhns Bild der Naturwissenschaft einfach zu übernehmen. Mir scheint jedoch, Kuhn habe den Test seiner Kritiker[2] bestanden. Er klärte ihre Argumente in seiner Erwiderung[3] zum Teil als Mißverständnisse auf, zum Teil integrierte er sie in seine These. Diese Diskussion nachzuzeichnen, würde hier zu weit führen.

Wichtiger als die Frage, ob Kuhns Theorie der naturwissenschaftlichen Entwicklung „richtig" sei, ist für unsere Absichten etwas anderes. Kuhns These ist stark wissenssoziologisch und ähnelt der Gouldnerschen in vielen hermeneutisch-psychologischen Kategorien. Dadurch werden beide Thesen vergleichbar. Wenn also Soziologie, so relativistisch wie Gouldner sie deutet, überhaupt irgendeiner Erkenntnislehre als ein der Naturwissenschaft kongeniales Unternehmen gelten kann, dann ist es Kuhns Erkenntnislehre.

Zugleich müßte bei der Gegenüberstellung Kuhn-Gouldner der entscheidende Unterschied klar hervortreten. Bleibt bei dem Vergleich ein methodischer Graben zwischen Soziologie und Naturwissenschaft, so muß er besonders tief gehen, wenn nicht einmal der gemeinsame wissenssoziologische Ansatz ihn zuschütten kann. Gesucht wird also das Unterscheidungsmerkmal zwischen einer wissenssoziologisch verstandenen Soziologie und einer wissenssoziologisch relativierten Naturwissenschaft.

1. Normalwissenschaft und Paradigma[4]

Aus Naturphilosophie wird Naturwissenschaft in dem historischen Augenblick der Reife, der ein Fachgebiet durch ein gemeinsames „Paradigma" diszipliniert. Die Theorien der vorangehenden Phase nennt Kuhn „vorwissenschaftlich" (proto-science). Verschiedene Schulen streiten um die Interpretation von Naturphänomenen mit Argumenten, die jede einer anderen Metaphysik entnimmt[5]. Zur *reifen Wissenschaft* wird die physikalische Optik mit Newtons „Principia" die Elektrizität mit Franklins „Electricity", die Chemie mit Lavoisiers „Chimie". Diese modellhaften Leistungen dienen den nachfolgenden Fachleuten als *Para-*

---

[1] Kuhn (1967), fortgeführt und korrigiert in Kuhn (1970, 1) und (1970, 2).
[2] Watkins, Toulmin, Popper, Lakatos in Lakatos/Musgrave (1970).
[3] Kuhn (1970, 2).
[4] Zusammenfassung von Kuhn (1967).
[5] Kuhn (1967) S. 36.

digmen, als Maßstab, der die anerkannten Probleme und Methoden eines Forschungsgebiets bestimmt.

Die nun einsetzende *Normalwissenschaft* strebt nicht nach Neuerung und Originalität, sondern löst die *Rätsel*, die das Paradigma zugleich aufgibt und offen läßt. Aus diesem Rahmen herausfallende Probleme werden als unwissenschaftlich in die Metaphysik verwiesen.

Das Paradigma muß noch nicht eine Theorie sein, sondern ist Wurzelgrund der Theorien einer normalen Wissenschaftstradition. Es funktioniert als Kristallisationspunkt von Wissenschaft gerade dann, wenn die Theorie noch fehlt[6]. Selbst wenn das Paradigma schon eine Theorie ist, wie etwa die Wellentheorie des Lichts, so leiten sich die Rätsel der Normalwissenschaft nicht deduktiv von ihr ab, sondern werden eher durch eine Wittgenstein'sche „Familienähnlichkeit" identifiziert[7].

Das Paradigma enthält nicht bloß analytische Regeln und Normen, sondern auch ein „willkürliches, persönliches und historisches" Element, das die Überzeugung einer bestimmten wissenschaftlichen Gemeinschaft zu einer bestimmten Zeit prägt[8]. Diese hermeneutisch-psychologische Grundüberzeugung ist keine überflüssige, menschlicher Unvollkommenheit entspringende Verzerrung der „eigentlichen" wissenschaftlichen Methode, sondern sie ist die wissenschaftliche Methode selbst. Ohne solches „Menschenwerk" kann die amorphe Natur nicht eingefangen, können sinnleere Netzhauteindrücke nicht zu sinn- und voraussetzungsvollen „Tatsachen" verarbeitet werden. Paradigmen sind nicht nur für die Theorie, sondern auch für die „Natur" konstitutiv[9].

Die Normalwissenschaft ist ein hingebungsvoller Versuch, die Natur in die von der Fachrichtung gelieferten Begriffsschubladen hineinzuzwängen[10]. Das Paradigma konzentriert die Aufmerksamkeit der Forscher auf einen kleinen Bereich esoterischer Problem und ermöglicht es so, einen Aspekt der Natur mit einer Genauigkeit und Tiefe zu erforschen, die ohne Paradigma undenkbar war.

2. Krise und Revolution

Die Normalwissenschaft gerät in die *Krise*, wenn das Paradigma nicht mehr adäquat funktioniert. *Anomalien* treten auf — Beobachtungen, die

---

[6] Kuhn (1967) S. 67 und (1970, 2) S. 271.

[7] Wittgenstein nennt als Beispiel den Begriff „Spiel": Wir erkennen ein Phänomen als „Spiel" nicht an einem definitorischen Satz von Eigenschaften, sondern haben einige Spiele als Modelle vor Augen und sehen dem neuen Phänomen eine Familienähnlichkeit an; Wittgenstein (1963), S. 324—31.

[8] Kuhn (1967) S. 21.

[9] Kuhn (1967) S. 150.

[10] Ebd. S. 22.

II. Die Entwicklung der Naturwissenschaft nach Kuhn

nicht ins Paradigma passen, Rätsel, die sich nicht nach den Regeln des Paradigmas lösen lassen. Schließlich steht das ganze Paradigma als unstimmig da.

Das Paradigma der Ptolemäischen Astronomie gerät in die Krise, als es für mehr und mehr neue Himmelsbeobachtungen die Erklärung schuldig bleibt. Damit beginnt die „außerordentliche Wissenschaft" (extraordinary science). Sie läßt das kranke Paradigma nicht etwa fallen, wie der Poppersche Falsifikationsbegriff nahelegen könnte[11]. Vielmehr suchen sie es mit Hilfshypothesen zu stützen, suchen die Anomalie irgendwo mit dem Paradigma vereinbar zu machen[12].

Anomalien gibt es immer, und oft bleibt die berechtigte Hoffnung, sie in Zukunft noch als normale Rätsel in das Paradigma integrieren zu können[13]. Wann eine Anomalie zur Krise führt, ist nicht logisch entscheidbar, sondern eine viel komplexere Frage, bei der soziale, politische, psychologische und technische Faktoren wichtig sein können. Praktische Bedürfnisse der Kalenderreform machten die Anomalien des Ptolemäischen Systems zum Ärgernis. In der Chemie führte das Problem der Gewichtsrelation, eine längst bekannte Anomalie, die vorher nur als Belästigung betrachtet worden war, im 18. Jahrhundert auf einmal zur Krise, als es durch den Fortschritt pneumatisch-chemischer Verfahren einen ganz anderen Status erhalten hatte[14].

Aus recht unterschiedlichen Gründen wächst also das Unbehagen, das Anomalien hervorrufen, krisenhaft an. Die ganze wissenschaftliche Gemeinschaft erkennt jetzt die Anomalie als solche an. Die Einheitlichkeit des Paradigmas zerfällt. Die Wucherung widerstreitender Versionen wird zum Krisensymptom[15]. Grundlagendebatten brechen aus, die dem vorwissenschaftlichen metaphysischen Schulenstreit ähneln. Man sucht Zuflucht bei der Philosophie.

Das Paradigma fällt aber erst, wenn ein Konkurrent herangewachsen ist[16]. Bis zur kopernikanischen Wende mußte die Astronomie notgedrun-

---

[11] Nach Popper ist eine Theorie niemals beweisbar, aber durch empirische Gegenbeispiele widerlegt. Allerdings läßt Popper in seiner Diskussion der Kuhn'schen These anklingen, daß auch er an einer Theorie so lange festhalten will, bis ihre Fruchtbarkeit erschöpft ist. Ehe er eine Anomalie als „refutation" gelten läßt, würde sich vielleicht auch so etwas wie eine längere Krise vollzogen haben. Das erste Gegenbeispiel trifft also nicht eine kerngesunde Theorie mitten ins Herz; Popper (1970) S. 55.
[12] Kuhn (1967) S. 117.
[13] Beispiel a.a.O., S. 115 f.: Niemand stellte das Newtonsche Paradigma wegen der längst erkannten Diskrepanz zwischen seinen Voraussagen und der Schallgeschwindigkeit ernstlich in Frage. Die Anomalie wurde schließlich unerwartet durch ein Wärmeexperiment aufgelöst, das ganz anderen Zwecken diente.
[14] S. 116 f.
[15] S. 127.

gen mit dem Ptolemäischen Paradigma leben, weil es ohne Paradigma nicht geht.

Das neue Paradigma steigt nicht wie ein Phoenix aus der Asche des alten. Es ist kein Blitzstrahl der Wahrheit, der den Irrtum vernichtet und alles erhellt, was vorher im Dunkel lag. Anfangs ist das neue dem alten Paradigma kaum überlegen, kämpft mit ebenso vielen Unstimmigkeiten wie jenes. Die ersten Versionen der meisten neuen Paradigmen sind roh. Bis zu Kepler verbesserte die Kopernikanische Theorie die Voraussagen des Ptolemäus über Planetenpositionen kaum. Bis zur Entdeckung der Zusammensetzung des Wassers war die Verbrennung des Wasserstoffs ein starkes Argument gegen Lavoisiers neue Sauerstoff-These zugunsten der alten Phlogiston-Theorie[17].

Die Anhänger des alten Paradigmas können regelmäßig auf viele Probleme hinweisen, die der Rivale schlechter löst als sie. Das „entscheidende Experiment" (crucial test), wie Popper sagen würde, etwa der Foucaultsche Pendelversuch zur Demonstration der Erdrotation oder Fizeaus Beweis, daß Licht sich in der Luft schneller als im Wasser fortbewegt, solche Experimente kommen häufig erst viel später, wenn das neue Paradigma schon ausgeformt und angenommen ist[18].

Der Kampf zwischen zwei Paradigmen gleicht deshalb einem Überredungsversuch. Der vom alten zum neuen Paradigma wechselnde Forscher vertraut intuitiv darauf, es werde sich an vielen Problemen bewähren. Zunächst weiß er nur, daß sein altes Paradigma an einigen Problemen versagt hat. In welchem Zeitpunkt es aufhört, „angemessen zum Rätsellösen"[19] zu sein, ist zum guten Teil Ermessenssache, also Entscheidungsfrage. Selbst Geschmacksargumente spielen mit: Das neue Paradigma sei einfacher, sauberer, ästhetischer. Der Paradigmawechsel — die wissenschaftliche Revolution — vollzieht sich als allmählicher

---

[16] In verblüffendem Maße trifft auf Kuhns Paradigma zu, was Marx (1961) S. 9 im Vorwort „Zur Kritik der politischen Ökonomie" über die Produktionsverhältnisse sagt: „Eine Gesellschaftsformation geht nie unter, bevor alle Prduktivkräfte entwickelt sind, für die sie weit genug ist," (Kuhns Parallele: solange das Paradigma fruchtbar zur Rätsellösung ist) „und neue höhere Produktionsverhältnisse treten nie an ihre Stelle, bevor die materiellen Existenzbedingungen derselben im Schoß der alten Gesellschaft selbst ausgebrütet worden sind. Dabei stellt sich die Menschheit immer nur die Aufgaben, die sie lösen kann, denn genauer betrachtet wird sich stets finden, daß die Aufgabe selbst nur entspringt, wo die materiellen Bedingungen ihrer Lösung schon vorhanden sind" (Parallele: neue, meta-paradigmatische Probleme werden erst relevant, wenn das neue Paradigma im Werden begriffen ist). Ich vermute, diese Anlogie ist kein Zufall der Formulierung. Die mannigfachen Komponenten des Kuhnschen „Paradigmas" könnten als eine Art Produktionsverhältnis der Wissenschaft rekonstruiert werden.

[17] S. 206 f.

[18] S. 206.

[19] Kuhns Kriterium für die Krise, S. 128.

Seitenwechsel der wissenschaftlichen Gemeinschaft eines Fachgebiets[20] oder als allmähliches Aussterben der Parteigänger des alten Paradigmas[21]. Eine neue Phase normaler Wissenschaft kann beginnen.

Die These von der diskontinuierlichen Entwicklung der Naturwissenschaft, der immer wiederkehrenden Zerstörung der normalwissenschaftlichen Traditionen, verweist die üblichen Lehrbuchversionen vom kumulativ-allmählichen Wissenschaftswachstum in den Bereich der Fabel. Auch im Nachhinein erscheint das siegreiche Paradigma nicht einfach als „Super-Paradigma", das die Vorgänger mitumfaßt und damit buchstäblich „in die Tasche steckt". Dazu sind Paradigmen zu inkommensurabel[22]. Die Welt, in der die Wissenschaftler nach dem Paradigmawechsel leben, ist nicht nur größer, sondern eine andere geworden[23].

III. Gegenüberstellung Gouldner — Kuhn

1. Übereinstimmungen

a) Paradigma

Gemeinsam ist Kuhn und Gouldner die These, daß Theoretiker ein kontingentes Paradigma brauchen, um beginnen zu können. Theorie ist die Einordnung von Phänomenen in das Schubladensystem des Paradigmas.

Offenbar hat der Begriff „Paradigma" aber nicht den gleichen Status bei Kuhn und Gouldner. Bei Kuhn ist freilich überhaupt schwer zu bestimmen, was er mit Paradigma meint, weil er viele verschiedene Dinge auf verschiedenen Ebenen meint. Margaret Masterman[1] unterscheidet in Kuhns „Struktur Wissenschaftlicher Revolutionen" nicht weniger als 21 verschiedene Bedeutungen, die sie in drei Hauptbedeutungsgruppen zusammenfaßt: (1) Metaphysische Paradigmen[2]. Darunter fallen Kuhns Beschreibungen des Paradigmas als Mythos; Metaphysische Spekulationen; Neue Sichtweise; Organisationsprinzip der Wahrnehmung selbst; Landkarte; Etwas, das einen größeren Bezirk der Realität definiert.

Hauptbedeutung (2) ist das „soziologische Paradigma"[3]. Es bezeichnet eine eingespielte Wissenschaftspraxis (scientific set of habits). Darunter fallen Kuhns Paradigma-Paraphrasen: Konkrete wissenschaftliche Lei-

---

[20] S. 209.
[21] Kuhn (1967) S. 199.
[22] Kuhn (1970, 2) S. 266 ff.
[23] Kuhn (1967) S. 164.
[1] Masterman (1970) S. 61 ff.
[2] Ebd. S. 65.
[3] Masterman (1970) S. 65, 66.

stung; Allgemein anerkannte wissenschaftliche Errungenschaft; Etwas mit politischen Institutionen Vergleichbares; Etwas ähnliches wie eine (verbindliche) präjudizielle Gerichtsentscheidung im englischen Rechtskreis.

Hauptgruppe (3) ist die Artefakt- oder Konstrukt-Bedeutung: Paradigma als Kunstprodukt zur Rätsellösung[4]. Es umfaßt Kuhns Paraphrasen: Einzelnes klassisches Buch über Naturwissenschaft; Werkzeugkasten; grammatisches Paradigma; Analogie; Gestalt (im Sinne der Gestaltpsychologie); Kartenspiel mit abweichenden Figuren[5].

In der Auseinandersetzung mit seinen Kritikern tauft Kuhn 1969 sein Paradigma in „fachwissenschaftliche Matrix" (disciplinary matrix) um[6] und präzisiert den Begriff. Er ordnet ihn jetzt nicht mehr vage einer „Fachmaterie" (subject matter) zu, etwa der Chemie oder Astronomie, sondern einer konkreten wissenschaftlichen Gemeinschaft (scientific community)[7]. Das ist eine Subkultur von Spezialisten mit gleicher Sozialisation und tatsächlicher fachlicher Kommunikation. Oft sind es weniger als hundert Wissenschaftler.

Der Begriff „Matrix" bezeichnet eine bestimmte Anordnung folgender Elemente:

— Symbolische Verallgemeinerungen (z. B. „$f = ma$")
— Modelle: metaphysische (z. B. Atomismus) und heuristische (z. B. die hydrodynamische Veranschaulichung des elektrischen Stroms)
— Werte (z. B. Genauigkeit der Voraussagen)
— Exemplarische Lösungen konkreter Probleme (exemplars), mit denen der Student in sein Fach eingeführt wird.

Anfangs erschien das Kuhnsche „Paradigma" fast als Zauberformel, die beinahe alles in der Wissenschaft erklärt: Ihr Wesen, ihr Entstehen, ihre Krise, ihre normalen und revolutionären Phasen. Der Wortzauber schrumpft ein wenig, wenn sich herausstellt, daß sich dahinter die verschiedensten Phänomene aller Stufen verbergen, von der „Weltanschauung"[8] über das Denkmodell „fließendes Wasser" für Elektrizität bis hin zu „$f = ma$".

---

[4] S. 65, 70 („The construct sense of ‚paradigm'... is the fundamental one").
[5] Kuhn (1967) S. 92 f. bezieht sich auf ein gestaltpsychologisches Spielkartenexperiment von Bruner und Postman: Versuchspersonen bekamen neben normalen Spielkarten anomale gezeigt, z. B. ein rotes Piek und ein schwarzes Herz. Viele identifizierten die anomalen Karten als normal, weil sie wegen ihres Vorurteils, wie Karten aussehen müßten, das wahre Aussehen gar nicht wahrnahmen.
[6] Kuhn (1970, 2) S. 271 f.
[7] Ebd. S. 252 f.
[8] Masterman (1970) S. 67.

Oder, um es paradigmatisch zu sagen (in der Bedeutung Nr. 7 des Kuhnschen Begriffs: „Analogie"[9]): Zunächst scheint es, als zöge Kuhn aus sämtlichen einundzwanzig Zylindern ein und dasselbe weiße Kaninchen, das auf den Namen „Paradigma" hört, bis der Zuschauer sich plötzlich die Augen reibt und merkt, daß er einem gestaltpsychologischen Trick (= Paradigma-Bedeutung Nr. 15[10]) erlegen ist: In Wahrheit handelte es sich nicht immer um dasselbe Kaninchen, sondern unter anderem um ein Meerschweinchen, ein Eichhörnchen, einen Badeschwamm und eine Butterdose.

Der Gouldnerische Paradigma-Begriff kann eigentlich gar nicht anders als irgendwelchen dieser Kuhnschen Bedeutungen entsprechen. Auch Gouldner benutzt ihn in verschiedenem Sinne.

(1) In dem oben[11] genannten Max-Weber-Beispiel ist das preußische Beamtentum „Paradigma" für Bürokratie schlechthin. Ein weiteres Gouldner-Beispiel[12]: Malinowski und Radcliffe-Brown stritten um das Wesen der Magie, weil sie bei verschiedenen Stämmen verschiedene Spielarten erlebt und als Paradigmen „vor Augen hatten": der eine den Nahrungszauber, der andere den Geburtszauber. Es handelt sich um eine Art induktiver Wesensaussage.

Kuhn würde der preußischen Beamtenschaft vielleicht das Attribut „Paradigma" in der 11. Bedeutung („standard illustration"[13]) zulegen.

(2) Das „pekuniäre Paradigma" des Utilitarismus[14] bedeutet einfach, daß diese Philosophie für gut und relevant hält, was Geld einbringt, egal wie. Was keinen ökonomischen Nutzen hat, ist ohne Ort in diesem Weltbild. Hier ist eine Assoziation an Kuhns Paradigma-Bedeutung Nr. 18 erlaubt: „Organisationsprinzip der Wahrnehmung"[15]. Das Paradigma ermöglicht es erst, gewisse Phänomene als existent und relevant „ins Blickfeld" zu bekommen.

(3) Ein „technologisches Paradigma" nennt Gouldner die Sichtweise des Roosevelt'schen Wohlfahrtsstaates auf gesellschaftliche Strukturprobleme: Sie sind lösbar wie Ingenieursaufgaben. (Eine strukturell vergleichbare Feststellung, wenn auch ohne ausdrückliche Erwähnung des Paradigma-Begriffs, ist diese: Parsons übertrage das in der Wirtschaft erfolgreiche System des Laissez-faire auf die Gesamtgesellschaft[16].)

Kuhn spricht in einem nicht völlig vergleichbaren, aber ähnlichen Sinne von einer „konkreten historischen Problemlösung"[17] als Paradigma, das als Vorbild zur Lösung anderer Probleme gilt.

---

[9] Ebd. S. 63.
[10] Ebd. S. 64.
[11] I. 1 am Ende.
[12] Gouldner (1970) S. 44.
[13] Masterman (1970) S. 63.
[14] Gouldner (1970) S. 74.
[15] Masterman, S. 65.
[16] Gouldner, S. 348.
[17] Mastermans 6. Bedeutung, S. 62.

(4) Wenn Gouldner davon spricht, „Parsons Paradigma" welke dahin, weil es seine Relevanz für die Sozialpolitik der Regierung und für die Bedürfnisse der Jugend eingebüßt habe[18], so meint er Parsons Gesamttheorie (in der Art wie Kuhn von Newtons oder Lavoisiers Paradigma spricht). Zumindest meint er deren Tendenz, bestehende Herrschaft als verehrungswürdige Ikone auszumalen.

Diese Aussage hat etwa den Status der Kuhnschen, wonach das Ptolemäische Paradigma in die Krise geriet, als es den Bedürfnissen der Kalenderreform nicht genügte.

(5) Ohne ausdrücklich von „Pradigma" zu reden, spricht Gouldner von Parsons' „organischer Vision"[19] des sozialen Systems, wo erst das Ganze seinen Teilen Sinn, Konkretheit, Heiligkeit verleiht. Hiermit ist wohl gemeint, daß die funktionalistische Systemtheorie die biologisch-organische Metapher als Paradigma benutzt. Diese vergleicht die Gesellschaft mit einem Tier, dessen Organe sich immer wieder den Außenweltbedürfnissen anpassen.

Das erinnert an Kuhns Analogie-Paradigma (Denkmodell „fließendes Wasser" für elektrischen Strom).

(6) Mit der organischen Vision in engem Zusammenhang steht die systemtheoretische „Doktrin der Interdependenz", wonach die Teile des Systems sich nicht einseitig verursachen, sondern wechselseitig beeinflussen. Diesen „unkritischen Glauben" nennt Gouldner allerdings nicht „Paradigma", sondern „Bereichsannahme"[20].

Hier zeigt sich, daß „Vorannahmen" und „Paradigmen" bei Gouldner ineinander übergehen. Außerdem übernehmen die Elemente der Gouldnerschen „Basis", vor allem die Vorannahmen, in etwa die zentrale Rolle wie bei Kuhn die Paradigmen. Bei beiden ragen die zentralen analytischen Einheiten (bei Kuhn das Paradigma mit seinen subtheoretischen Wurzeln; bei Gouldner die subtheoretische Basis mit daraus hervorgehenden Paradigmen) in beide Ebenen hinein, die theoretische und die subtheoretische. Sie setzen aber verschiedene Akzente; Gouldner hebt die Basis stärker hervor, Kuhn, mehr den Überbau. Deshalb spricht Kuhn von seiner zentralen analytischen Einheit als „fachwissenschaftliche Matrix", Gouldner von der seinen als „subtheoretische Matrix"[21].

Zum Teil decken Gouldners „Vorannahmen" also Kuhns Paradigmen ab. Bei einigen, insbesondere bei Kuhns metaphysischen Paradigmen[22] und bei Gouldners Globalannahmen, ist das offensichtlich.

Bei Gouldner selbst ist keine scharfe Trennlinie zwischen subtheoretischen und theoretischen Elementen. Die preußische Beamtenschaft ist

---

[18] Gouldner (1970) S. 162.
[19] Gouldner (1971) S. 205.
[20] Ebd. S. 226.
[21] Gouldner, S. 37 (Synonym für „Basis").
[22] Masterman (1970) S. 65.

sowohl Webers persönliche Realität, also Basiselement, als auch sein theoretisches Induktionsmodell.

Wenn Gouldner schreibt, Parsons benutze für alle menschliche Tätigkeit die „conception" des Gebrauchswertes, Goffman die des Tauschwerts[23], so lohnt kaum zu grübeln, ob „conception" (Bedeutung etwa: implizites Modell der Darstellung und Bewertung) eine theoretische oder subtheoretische Einheit ist. Ebensowenig ermutigt Kuhns Schwammbegriff „Paradigma", dies weite Bedeutungsfeld logisch mit scharfen Grenzen zu parzellieren.

Wichtiger als scholastische Klassifikationsbemühung ist die Einsicht, die Kuhn und Gouldner verbindet: Theorie und Metaphysik, Wahrnehmung und Vorurteil, Tatsache und Wertentscheidung, Außenwelt und Innenwelt, Objekt und Subjekt sind untrennbar. Das gilt für Physik im Prinzip ebenso wie für Soziologie. Hermeneutische, emotionale und historisch zufällige Faktoren konstituieren nicht nur theoretische Ordnungsschemata, sondern schon die „Beobachtungs"-Tatsachen.

Die Parallele geht weiter. Während Kuhn ursprünglich der Soziologie ein Paradigma abspricht, erkennt er später, daß auch sie und alle Vorwissenschaften mit Paradigmen arbeiten[24].

Das ist allerdings die unausweichliche Folge, wenn unter Paradigma alle nur möglichen Hilfsmittel menschlichen Denkens zusammengefaßt werden. Die reife Wissenschaft hat der embryonalen, also die Physik der Soziologie, jetzt nur noch die „fachwissenschaftliche Matrix" voraus. Der Unterschied: In einem naturwissenschaftlichen Fachgebiet herrscht immer ein Paradigma als Monarch, und man köpft es nicht eher, als bis ein neues zur Thronbesteigung bereitsteht[25]. In einem philosophischen oder soziologischen Fachgebiet herrscht dagegen die Kleinstaaterei, zuweilen die Anarchie. Kein Paradigma kann sich das ganze Gebiet unterwerfen[26].

Kuhns Begriff der Vorwissenschaft vertröstet die Soziologie zugleich darauf, daß sie es schon irgendwann zum Einheitsparadigma bringen,

---

[23] Gouldner (1970) S. 383.
[24] Kuhn (1970, 2) S. 272, Fn. 1.
[25] Die Problematik der Behauptung, für ein ganzes Fachgebiet reiche ein einziges Paradigma oder eine Matrix, soll hier nur erwähnt werden. Das „Paradigma" verliert Einheit und Stringenz, wenn man sämtliche symbolischen Generalisierungen, metaphysische Annahmen, konkrete Vorbildleistungen etc., mit denen z. B. ein Atomphysiker arbeitet, in eine einzige Matrix zwängt.
[26] Man könnte für Philosophie und Soziologie in einem Teil der Erde, dem sozialistischen Lager, auf die Alleinherrschaft des marxistischen Paradigmas verweisen. Einige ruchlose Gerüchtemacher werden allerdings nicht vor der Behauptung zurückschrecken, um den Sieg dieses Paradigmas habe nicht nur Marx sondern auch Lenin, nicht nur die Macht der Theorie sondern auch die der Tscheka gewisse Verdienste.

daß sie auf ihren Bismarck noch hoffen dürfe. Kuhn verrät freilich nicht, wie sich dieser mit Tinte und Feder statt mit Blut und Eisen durchsetzen soll.

b) Krisentheorie

Parallelen haben auch Kuhns und Gouldners Krisentheorien. Das Paradigma fällt, ohne eigentlich durch Fakten widerlegt zu sein. Die Abwendung vom alten Paradigma ist letztlich eine Entscheidungs-, keine Wissensfrage, sie hat mit Unbehagen und Intuition so viel zu tun wie mit Fakten. Das neue Paradigma ist nicht das alte mit einem daraufgesetzten Stockwerk neuen Wissens, sondern sein Bauplan ist mit dem Konstruktionsprinzip des alten inkommensurabel.

c) Erklärungsebenen

Große Ähnlichkeit auf mehreren Ebenen haben die Variablen, mit denen Kuhn und Gouldner die Entstehung, die innere Struktur und den Wandel von Theorie erklären. Beide nennen biographische, institutionssoziologische, linguistische, sozialpsychologische und makro-soziologische Variablen.

Der institutions-soziologische Faktor soll als Beispiel dienen. Er spielt bei beiden eine zentrale Rolle, wenn auch in unterschiedlicher Weise. Bei Kuhn ist die wissenschaftliche Gemeinschaft Bezugspunkt, Brutstätte und Schaffott des Paradigmas[27]. Sozialisation und Kommunikation dieser Subkultur garantieren die gemeinsame „kognitive Verpflichtung"[28] auf das Paradigma. Normalwissenschaft besteht darin, daß die Mitglieder füreinander esoterische Artikel schreiben.

Hier liegt neben der Parallele allerdings auch ein wichtiger Unterschied zu Gouldner. Auch bei ihm bildet sich das soziologische Paradigma in einer wissenschaftlichen Institution, der Universität, und wird von ihren spezifischen Bedingungen geformt. Zur wissenschaftlichen Gemeinschaft, zum theorieproduzierenden sozialen System, gehören aber nicht nur die Spezialisten, sondern (mindestens) auch die Studenten[29]. Kuhn stimmt dem zu, wenn er darauf hinweist, daß Soziologie und Philosophie sich an ein weiteres Publikum wenden, anders als die esoterische Naturwissenschaft[30].

Von diesem Unterschied abgesehen, ist Soziologie kaum weniger von den institutionellen Bedingungen ihrer wissenschaftlichen Gemeinschaft

---

[27] Kuhn (1970, 2) S. 252.
[28] Ebd.
[29] Vgl. oben I. 2.
[30] Kuhn (1970, 2) S. 254.

geprägt als Naturwissenschaft. Die olympisch-abstrakte Ausprägung von Parsons' Soziologie erklärt Gouldner mit der ökonomischen Sicherheit der Harvard-Universität in der Weltwirtschaftskrise, mit den Oberschichtbedürfnissen ihrer Studenten, mit der korporativen Lebensweise der Professoren. Seine Ausbreitung hat Parsons' Paradigma der herausragenden Stellung der Harvard-Universität zu danken. Ihr „Heiligenschein" (halo-effect) sicherte Parsons' Schülern Lehrstühle an den führenden Universitäten des Landes[31]. Die Rebellion der Neuen Linken gegen etablierte Theorie hängt mit dem Klima der Entfremdung an den bürokratisierten Mammutuniversitäten zusammen[32]. Die Kraft der Rebellion beruht nicht zuletzt auf der schieren Zahl von 7 Millionen US-Studenten.

Eigentlich „externe" Faktoren, wie die Fremdbestimmung der Wissenschaft durch außenstehende gesellschaftliche Kräfte, werden bei Kuhn nur eben angedeutet (z. B. gesellschaftliches Bedürfnis nach Kalenderreform bei der Ptolemäischen Krise). Kuhn würde aber kaum bestreiten, daß Auftragforschung, politische, ökonomische, technische Bedürfnisse der Naturwissenschaft immer häufiger das Ziel vorgeben. Ähnlich steht es nach Gouldner in der Soziologie. Sie treibt in die Richtung der staatlichen und industriellen Finanzströme. Der Kriegs- und Wohlfahrtsstaat schafft sich seine verwendbare, „anwendbare" Sozialwissenschaft, indem er technologische Rezepte für die Anpassung abweichenden Verhaltens gut bezahlt.

2. Der Unterschied

Trotz allem bleibt zwischen Sozial- und Naturwissenschaft ein erheblicher Unterschied. Auf die kürzeste Formel bringen ihn die Inhaltsangaben, die Kuhn und Gouldner je für ihr Gebiet geben:

(1) Naturwissenschaft analysiert einen Bereich von Naturphänomenen und stellt Prognosen, deren Erfolg innerhalb einer konsistenten Theorie erklärbar sein muß[33].

(2) Das Wesentliche an Sozialwissenschaft ist es nicht, Tatsachen festzustellen, sondern sie in ein befriedigendes Sinnsystem einzuordnen[34].

Daß diese Formulierungen den Unterschied größer erscheinen lassen als er ist, haben wir schon gesehen. Auch die Physik schafft mit Hilfe von Metaphysik interpretative Ordnungen. Auch in der Sozialwissenschaft schwebt der Sinn nicht frei über den Niederungen der Tatsachen,

---

[31] Gouldner (1970) S. 200 f.
[32] Ebd. S. 399.
[33] Kuhn (1970, 2) S. 245.
[34] Gouldner (1970) S. 484.

wie das Beispiel der politischen Auftragsforschung in der angewandten Soziologie zeigt.

Dennoch ist es richtig, wenn die beiden Definitionen eine *Polarität* zwischen *Tatsachen und Sinngebung/Wertung* andeuten und die Naturwissenschaft näher am Tatsachenpol, die Sozialwissenschaft näher am Sinn- und Wertpol ansiedeln.

Wir werden nicht umhinkönnen, diese Polarität später noch epistemologisch näher abzubilden[35]. Fürs erste begnügen wir uns mit dem alltagssprachlichen Begriffspaar „Tatsache/Sinn und Wert". Wir illustrieren seine Unterscheidungskraft mit zwei Aussagen von Kuhn und Gouldner, die nicht austauschbar sind.

(1) Gouldner betont, eine etablierte Sozialtheorie könne plötzlich irrelevant, langweilig, absurd oder falsch erscheinen, ohne daß Gegendaten aufgetaucht sind[36], allein weil Vorannahmen und Gefühle sich geändert haben. *Das* könnte dem Kuhnschen Paradigma nicht passieren. Es sind erhebliche Anomalien, Unstimmigkeiten tatsächlicher Art, zum Angriff auf das Paradigma nötig.

(2) Kuhn zeigt[37], daß häufig ein neues Paradigma zumindest nachträglich den Tatsachenbeweis für seine Überlegenheit über das alte antritt, einen Beweis, der jeden emotionalen Widerstand zusammenbrechen läßt:

— Sechzig Jahre nach dem Tod des Kopernikus beweist das Teleskop die Richtigkeit seiner Theorie, daß der Mond Gebirge, die Venus Phasen und das Weltall viel mehr Sterne als vermutet haben.

— Die Wellentheorie des Lichts bringt alle Gegner zum Verstummen, als es Fresnel gelingt, die Existenz eines weißen Punktes im Zentrum des Schattens einer runden Scheibe zu demonstrieren. Das ist eine Tatsache, die er selbst nicht erwartet hat, die aber sein Gegner Poisson als ebenso notwendige wie absurde Konsequenz der Wellentheorie herausgestellt hat.

— Einstein hat nicht erwartet, daß die allgemeine Relativitätstheorie die wohlbekannte Newtonsche Anomalie in der Bewegung von Merkurs Perihel exakt erklären werde. Als sie es tut, erlebt er einen Triumph.

Dem Sozialwissenschaftler leuchtet kein Mond, keine Venus und kein Merkur. Außenweltliche „Tatsachen", wie wir sie vorläufig einmal alltagssprachlich nennen wollen, haben für die Naturwissenschaft offenbar eine viel stärkere Kontroll- und Bewährungsfunktion als für die Sozialwissenschaft.

Sicher ist ein physikalischer Begriff wie „Elektrizität" keine unvermischte Naturtatsache. Er ist eine kontingente wissenschaftliche Schöp-

---
[35] Unten Zweiter Teil, III.
[36] Vgl. oben I. 2.
[37] Kuhn (1967) S. 204.

III. Gegenüberstellung Gouldner — Kuhn

fung. Er kann auch anders gedacht werden, ebenso wie das Bezugssystem und die Problementwicklung, denen er historisch zugehört. Elektrizität ist Naturtatsache so wenig wie die Farbe weiß, die den Eskimos unbekannt ist, weil sie bei den Naturbeobachtungen andere Relevanzentscheidungen treffen. Sie unterscheiden die Farbwerte „fallender Schnee"; „Schnee auf dem Boden"; „Schnee zu eisartiger Masse zusammengedrückt"; „Wässeriger Schnee" und noch weitere[38]. Für die Altgriechen hatten das Blut, die Blätter des Ölbaums und der Honig dieselbe Farbe, „xanthon"[39]. Erst mit dem „Zauberstab des Wortes bildet der Mensch aus der Formlosigkeit der Welt die ordnenden Gestalten und Begriffe" (Reiners)[40].

Also ist die Elektrizität so, wie wir von ihr sprechen, eine wissenschaftliche Synthese. Aber dahinter steht etwas Naturhaftes, Außenweltliches, an sich Gegebenes. Wer das für Ideologie hält, der fasse einmal mit zwei Fingern in eine Steckdose.

Nun handelt auch die Soziologie nebenbei von außenweltlichen Tatsachen und wagt Prognosen, gelegentlich sogar erfolgreich. Nehmen wir an, eine soziologische Studie ergibt, daß die Studentenzahl in den letzten fünf Jahren ständig gestiegen ist. Sie sagt zutreffend voraus, in den nächsten fünf Jahren werde sie um weitere x Prozent steigen. Soweit geht es um „Tatsachen", und so weit ist es banal. Jetzt erst beginnt die wesensbestimmende Leistung der Soziologie: Deutungsschema und Handlungsanleitung. In unserem Beispiel etwa: Demokratische Bildungsreform oder Proletarisierung der Intelligenz als Deutung; Verschulung der Universität oder Weltrevolution als Lösung.

In der Soziologie treten also Tatsachen in den Hintergrund, in der Naturwissenschaft die „persönliche Realität" in Gouldners relativierendem Sinne. Zwar steht auch der Naturwissenschaftler unter ihrem Einfluß. Kuhn verweist auf die Rolle von Keplers Sonnenverehrung bei seiner Theoriebildung. Es ist aber kaum vorstellbar, daß er oder ein Nachfolger ohne die Sonnenverehrung nicht etwas später zum gleichen Ergebnis gekommen wäre. Häufig werden naturwissenschaftliche Phänomene in kurzer Zeit von verschiedenen Wissenschaftlern selbständig entdeckt. Die Röntgenstrahlen sind ein Beispiel[41]. Wer aber hätte die „Phänomenologie des Geistes" geschrieben, wenn Hegel als Kind an den Masern gestorben wäre[42]?

---

[38] Whorf (1963) S. 15.
[39] Reiners (1951) S. 1 f.
[40] Ebd. S. 5.
[41] Merton (1966) S. 616: Die begrenzte Zahl praktikabler Lösungsmöglichkeiten führte zu den unabhängig voneinander gemachten Doppelerfindungen.
[42] Vgl. Seiffert (1971) S. 208 f.: Hegels Termini sind „reine Interpretationsbegriffe ... Bewußtsein, Selbstbewußtsein, Vernunft — subjektiver, objekti-

3. Vom Wesen der Soziologie

Wir haben nun Gemeinsames und Trennendes in Natur- und Sozialwissenschaft gefunden. Welches von beiden überwiegt? Ist Soziologie eine Noch-nicht-Naturwissenschaft, die ihr Einheitsparadigma schon finden wird und dann auf ihr Reifezeugnis aus Kuhns Händen hoffen darf?

Kuhn, der dies glaubt, verkennt den grundlegenden Unterschied. Sozialwissenschaft ist in viel höherem Maße als Naturwissenschaft die Frage nach dem guten Leben. Das ist eine völlig andere Frage als die nach den Eigenschaften der Elektrizität. Zeit und Reifung werden diesen Diskurs nicht „verwissenschaftlichen". Deshalb ist es fruchtlos, mit Kuhn die Soziologie auf das Erwachsenwerden zu vertrösten. Vielmehr ist sie jetzt schon wesentlich das, was sie je hoffen kann zu werden.

Die Philosophie, ihr väterliches Elternteil, ist älter als alle „reife Wissenschaft" und, nach Kuhn, immer noch vorwissenschaftlich[43]. (Eine „normale" Philosophie mit Einheitsparadigma wäre auch zum Fürchten[44].) Dies Erbteil kann die Soziologie nicht abschütteln. Sie kann es nur verleugnen, indem sie sich als Naturwissenschaft aufspielt. Doch sind nicht hier die wahren Wurzeln ihrer Kraft. Mütterlicherseits mag Soziologie naturwissenschaftlicher Herkunft sein. Verleugnet sie aber die philosophische Vaterlinie, so bringt sie es bestenfalls zum Bastard der Naturwissenschaft.

IV. Immanente Grenze von Gouldners Wissenssoziologie

Hält Gouldner seine eigene Methode durch? Bezieht er soziologische Theorie durchgängig auf eine hermeneutisch-emotionale Basis? Er tut es nicht, und es ist methodisch wohl auch unmöglich.

Mehrfach gibt er bündige materielle Kausalerklärungen für die Entstehung bestimmter Sozialtheorien. Der Positivismus ist die emotionale Reaktion einer Mittelklasse auf ihre Zweifrontenstellung. Die aufsteigende Bourgeoisie des 19. Jahrhunderts fühlt sich noch nicht frei von den Fesseln der feudalen Vergangenheit, aber schon bedroht vom aufbegehrenden Proletariat. Aus diesem Gefühl der Unsicherheit entsteht eine Theorie, die dem Feudalismus die Notwendigkeit sozialen Wandels entgegenhält, dem Proletariat die Möglichkeit friedlicher Evolution[1].

---

ver, absoluter Geist — das alles ‚gibt' es offensichtlich nicht in irgendeiner ‚Wirklichkeit', sondern ist erst von Hegel konstruiert worden, um etwas zu interpretieren." Naturwissenschaft orientiert sich sehr viel stärker an etwas, was es in außersprachlicher Wirklichkeit „gibt".

[43] Kuhn (1970, 2) S. 244.

[44] Kuhn (1970, 1) S. 6: „It is precisely the abandonment of critical discourse that marks the transition to science" — Wunschziel für Soziologen?

IV. Immanente Grenze von Gouldners Wissenssoziologie

Später, im 20. Jahrhundert, als die Bourgeoisie fest im Sattel sitzt, ist ihr nicht mehr vor der Vergangenheit, sondern nur noch vor der Zukunft bange. Die Machtverhältnisse sollen so bleiben, wie sie sind. Man läßt deshalb Comtes Evolutionismus fallen. An die Stelle tritt ein ahistorischer Funktionalismus mit seinen „vergleichenden" Studien[2].

In neuester Zeit nimmt die Soziologie, zumindest an Umfang, ungeheuren Aufschwung. Ursache ist der Wohlfahrtsstaat, der soziologische Analysen und Rezepte für seine Eingriffe braucht[3].

Sind solche Aussagen wissenssoziologisch nach Gouldners Methode? Auf der unmittelbaren Ebene ja. Zwei Sozialtheorien, Positivismus und Funktionalismus, werden auf je eine hermeneutisch-emotionale Basis bezogen. Die Vorannahmen und Gefühle der Mittelklasse, der Produzentin von Soziologie, erscheinen als Erklärung der Beschaffenheit von Theorien. Auf der mittelbaren, tieferliegenden, grundlegenden Ebene aber ist von Wissenssoziologie nicht mehr die Rede. Die ökonomisch-politischen Verhältnisse, die Grundlage, auf der das Bedürfnis nach diesen Ideologien erst entsteht, beschreibt Gouldner in derselben objektivistisch-kausalen Weise, mit deren Ablehnung seine Methode ansetzt[4]. Die Klassenlage der Bourgeoisie in bestimmten Geschichtsepochen erscheint bei Gouldner fast als problemlose Beobachtungstatsache.

Was ist überhaupt „Bourgeoisie"? Warum nimmt Gouldner nicht die Katholiken, die Weintrinker oder die Schwarzhaarigen als Bezugsgruppe? Ist es denn so einfach sichtbar, daß „die Mittelschicht" den Positivismus entwickelt hat? Comte war doch viel eindeutiger Katholik, Weintrinker und schwarzhaarig als Bourgeois oder Mittelschichtler.

Den Bezugsrahmen „Bourgeoisie im Zweifrontenkampf gegen Feudalismus und Proletariat" übernimmt Gouldner ohne ein Wort transformatorischer Rechtfertigung aus einer Sozialtheorie mit ganz anderer Methode. Es ist eine historisch-materialistische Theorie, die sich keinesfalls als Wissenssoziologie, sondern als objektive Beobachterin der gesellschaftlichen Naturgesetze versteht. Sie leitet ihre Klassifikationsbegriffe schlüssig aus der Analyse der Produktionsverhältnisse ab. Wissenssoziologisch gesprochen ist diese Ableitung abhängig von einer vorgängigen Relevanzentscheidung für den Produktionsprozeß als gesellschaftliche Hauptdeterminante.

Der Wissenssoziologe kann dergleichen Theorie nicht selbst zustandebringen, sondern nur nachträglich deuten. Gouldner tut nicht einmal das,

---
[1] Gouldner (1970) S. 105 f.
[2] Ebd. S. 107.
[3] Gouldner (1970) S. 22 f., 161 f. („Sociology as $N + 1$ science is ... well-suited to ... Welfare State, which is itself the $N + 1$ State ...").
[4] Ebd. S. 27 ff.

sondern benutzt sie so selbstverständlich wie nur irgendein Unreflektierter seine „background assumptions".

Die hermeneutisch-emotionale Basis von Theorie hat also selbst noch eine ökonomisch-materielle Basis[5]. Über diese, die grundlegendere, kann Wissenssoziologie wenig aussagen. Sie muß Aussagen anderer Theorien erborgen. Dabei geht sie nach Maßstäben einer von ihr selbst nicht begründbaren Plausibilität vor.

Die Abgrenzung einer Klassen- oder sonstigen Seinslage, die Bildung des Konstrukts „frühkapitalistisches Bürgertum", ist selbst Sozialtheorie, ist es in noch fundamentalerem Sinne als Comtes positivistische Evolutionstheorie. Damit wäre nach Gouldner die hermeneutisch-emotionale Basis dieser Abgrenzung, dieser Sozialtheorie zu untersuchen.

Offenbar ist hier ein infiniter Regreß nicht möglich. Der Wissenssoziologe muß mit einem Vorverständnis anfangen. Er muß aber reflektieren, daß seine fundamentalen Bezugspunkte seiner eigenen Methode trotzen. Schlimmer noch: Ohne Synkretismus mit der kritisierten objektivistischen Methode kann der Wissenssoziologe nicht einmal den ersten Schritt tun. Gouldners Reflexive Soziologie muß erst unreflektierte, objektivistische Soziologie betrieben haben, ehe sie reflexiv werden kann. Das muß sie nicht in ihrem Wert mindern. Wissenssoziologie muß sich aber klar sein, daß sie nicht eine eigenständige, sondern eine Zusatzmethode ist.

V. Die Fruchtbarkeit der Gouldnerschen Perspektive

1. Vieldeutigkeit

Warum verlor Parsons in der Großen Depression nicht seinen Glauben an die Problemlösungsfähigkeit des amerikanischen Herrschaftssystems? Der Hinweis auf die allgemeine politische und soziale Lage und auf den traditionellen Optimismus Amerikas genügt Gouldner nicht[1]. Er fordert eine konkrete Analyse, wie geschichtlich-kulturelle Einflüsse sich mit individuell-biographischen Elementen zu einer Theorie verbinden.

Parsons persönliche Realität gewann ihre Gestalt in den ökonomisch fetten zwanziger Jahren. Er erlebte den Erfolg des Systems als Teilhaber. Als die Große Depression ausbrach, konnte er an Harvard komfortabel überwintern. „Verbunden mit der Erlebniswelt einer mächtigen und erfolgreichen Mittelschicht war Parsons' Optimismus die Haltung derer, die den Erfolg des Systems und Erfolg im System als grund-

---

[5] Zur Verfeinerung und Modifizierung dieser Feststellung vgl. unten Zweiter Teil, IV. 1.
[1] Gouldner (1970) S. 147.

V. Die Fruchtbarkeit der Gouldnerschen Perspektive

legende persönliche Realität erlebten und für die das Scheitern nur ein Ausrutscher war, den sie persönlich nie ganz als wirklich empfanden[2]."

Soziologie, Sozial- und Individualpsychologie verbinden sich in dieser Erklärung auf nicht leicht entwirrbare Weise. Das Resultat der „konkreten Einzelfallanalyse", nämlich die Beschaffenheit der Ideologie Parsons', wäre eine Überraschung, wüßte man es nicht schon vorher. Es hätte nämlich auch sein können, daß der Optimismus des jungen Parsons in der Großen Depression derart traumatisiert worden wäre, daß er das Urvertrauen ins System nie wiedergefunden hätte. Anderen amerikanischen Wissenschaftlern ist es so gegangen, sonst hätte es in den dreißiger Jahren nicht die „Alte Linke" gegeben.

Die — soziologisch bestimmte — Zugehörigkeit zur „mächtigen und erfolgreichen Mittelschicht" erlaubt also noch nicht die Voraussage, ob die Theorie a oder non-a herauskommen wird. Man muß die „persönliche Realität" des Theoretikers kennen, um zu entscheiden, welche Erlebnisse ihm der Schlüssel zur Wirklichkeit geworden sind. Man kann eher die Ursache aus der Wirkung bestimmen als umgekehrt.

Allerdings liefert die Analyse mit rein soziologischen Kategorien makrokosmisch gewöhnlich befriedigende Näherungswerte. Die Mittelschichthypothese erklärt im Großen den gesamten frühbürgerlichen Positivismus[3]. Nur wird dieser historische Durchschnitt gewöhnlich erst im Nachhinein sichtbar und, grob wie er ist, als genügend empfunden. Konkrete Analysen der Einzelabweichung kommen damit nicht aus[4].

Häufig wird es Geschmackssache oder Spekulation sein, ob man makro-soziologische Ursachen oder solche aus der persönlichen Realität nennt. Wenn Parsons die Geschäftsleute weniger durch Profitmaximierung als spirituell motiviert sieht, so kann man das soziologisch erklären: Parsons ist Nutznießer des Profitsystems und deshalb sein Apologet. Gouldner gibt aber eine persönliche (Zusatz-)Erklärung: Parsons verkehrt mit den Gentlemen-Kaufleuten Neu-Englands, nicht mit den Schweinemetzgern des Mittelwestens. Deshalb veredelt er ihr Geschäft zum „Professionalismus"[5].

---

[2] Ebd. S. 148.
[3] Vgl. oben IV am Anfang.
[4] Vgl. Engels (in: Marx/Engels [1953], S. 561): „Je weiter das Gebiet, das wir gerade untersuchen, sich vom Ökonomischen entfernt und sich dem reinen abstrakt Ideologischen nähert, desto mehr werden wir finden, daß es in seiner Entwicklung Zufälligkeiten aufweist, desto mehr im Zickzack verläuft seine Kurve. Zeichnen Sie aber die Durchschnittsachse der Kurve, so werden Sie finden, daß je länger die betrachtete Periode und je größer das so behandelte Gebiet ist, daß diese Achse der Achse er ökonomischen Entwicklung um so mehr annähernd parallel läuft."
[5] Gouldner (1970) S. 156.

Diese Vieldeutigkeit und Kontingenz der Gouldnerschen Ableitungen ist vielleicht aber auch ihre Stärke. Dann nämlich, wenn die Kausalbeziehungen zwischen Sozialtheorie und Basis tatsächlich vieldeutig und kontingent sind. Es wäre natürlich befriedigender — einfacher, umfassender, ästhetischer[6] — nur nach der Klassenlage des Theoretikers fragen zu müssen, um die Theorie vorauszusagen. Die Soziologen X und Y gehören beide zur privilegierten Mittelschicht und essen als Universitätsdozenten das Brot des Klassenstaates. Ergo sind beide Apologeten des Kapitalismus. Das ist hochästhetisch, nur leider falsch, wenn wir für X „Adorno" und für Y „König" einsetzen.

Warum also stehen X und Y in verschiedenen Lagern der Theorie? Aus rein theoretischen Gründen etwa? Weil dem X dieses, dem Y jenes Argument aus Platos, Poppers und Lakatos' „Dritter Welt" des objektiven Geistes schlüssiger erscheint[7]? Mit dieser Antwort fallen wir hinter jede Ideologiekritik zurück. Dann ist es plausibler, seufzend in Gouldners vermischte Instrumentenkiste zu greifen und auszutüfteln, worin jene beiden Mittelschichtler sich konkret unterscheiden.

2. Mögliches Forschungsprogramm

Was läßt sich mit Gouldners Kategorien neben einer reflexiven Gewissenserforschung noch anfangen? Man könnte nach dem Muster der Parsons-Studie andere Sozialtheorien vor den Röntgenschirm stellen und ihr hermeneutisch-emotionales Knochengerüst ablichten. Daraus würde aber nur eine Aufreihung von intellektuellen Biographien mit verbindenden Zwischentexten.

Eine andere Möglichkeit: Gouldner selbst stellt, wenn auch nur kursorisch, Goffmans und Garfinkels Basis der funktionalistischen gegenüber. Wir erfahren dabei nichts über die Biographie dieser beiden. Ihr Theorieansatz wird nur grob mit makro-soziologischen Variablen erklärt[8].

Es wäre auch wenig fruchtbar, bei jedem Soziologen, dessen Theorie wir verstehen und kritisieren wollen, erst Einsicht ins Tagebuch zu nehmen und das Klima der Universität zu erforschen, an der er seine

---

[6] Vgl. Kuhn (1967) S. 205 und (1970, 2) S. 261 f. zur Bedeutung ästhetischer Erwägungen bei der Theoriewahl.

[7] Lakatos (1970) S. 179 f.: „The — rationally reconstructed — growth of science takes place essentially in the world of ideas, in Plato's and Popper's ‚third world', in the world of articulated knowledge which is independant of knowing subjects (The first world is the material world, the second is the world of consciousness, the third is the world of propositions, truth, standards: the world of objective knowledge)".

[8] Vgl. oben I. 3.

Lehre entwickelt hat. Daraus würde eher eine spekulative Psychographie als eine Diskussion.

Gouldners Gegenüberstellung der Theorieansätze von Parsons, Goffman und Garfinkel liest sich gut. Gerade die vollständige Unvergleichbarkeit ihrer Themen, die inkongruente Selektion und Konstruktion von relevanter Realität, kurz, die „Inkommensurabilität der Paradigmen[9]" läßt sich mit Gouldners Basisanalyse plausibel machen. Der Leser gewinnt die Einsicht, wie sehr die Konstruktion von Realität Basisfrage sein muß, wenn Goffman und Garfinkel die brennenden Probleme aus Jahrzehnten des Funktionalismus, Ordnung und System, einfach keines Wortes würdigen. Mehr als diese abstrakte Einsicht läßt sich so aber kaum gewinnen.

a) Zum Beispiel: Theorienvergleich über „Neue Linke in den USA"

Aufschlußreicher könnte die Gegenüberstellung verschiedener Sozialtheorien über ein und dasselbe Thema sein. Über die Neue Linke in den USA zum Beispiel haben sich Soziologen verschiedenster Richtungen geäußert. Dies raumzeitlich einigermaßen klar eingrenzbare Phänomen ist so auffällig und handfest, daß kein Soziologe es mit Nichtachtung strafen kann wie Goffman die Hierarchie der Werte oder Parsons die Dramaturgie der Selbstdarstellung.

Haben wir verschiedene Sozialtheoretiker so auf ein Thema festgelegt, so können wir gut vergleichen, wie der einzelne das Phänomen Neue Linke ganz unterschiedlich konstituiert, erklärt und wertet. Es ist wahrscheinlich, daß so der Unterschied der Paradigmen im konkreten Fall hervortritt und faßbar wird.

Was dabei herauskommen könnte, sei hier nur mit wenigen Hinweisen angedeutet. Man kann analytisch zwischen Darstellung, Erklärung und Wertung des Phänomens unterscheiden. Daß verschiedene Soziologen die Ursachen und erst recht den Wert der Neuen Linken sehr unterschiedlich sehen, überrascht niemanden. Tatsächlich konstituieren sie schon ihren Gegenstand ganz verschieden.

Liest man die Darstellungen des konservativen[10] Funktionalisten Seymour Lipset[11], des soziologischen Romantikers oder Romanciers Charles Reich[12] und der studentenbewegten Soziologin Susanne Kleemann[13], so könnte man daran zweifeln, ob es einen einheitlichen Be-

---

[9] Kuhn (1970, 2) S. 266, vgl. oben II. 2 am Ende.
[10] „US-Air-Force-Forscher", so Kleemann (1971) S. 194.
[11] Lipset/Altbach (1967).
[12] Reich (1971).
[13] Kleemann (1971).

schreibungsgegenstand „Neue Linke in den USA um 1968" je gegeben hat.

Eine nur wenig pointierte Zusammenfassung:

(1) Nach *Lipset* existiert die Neue Linke überhaupt nicht. Sie ist der Popanz einer sensationssüchtigen Presse, die einigen geschickten studentischen Regisseuren nur zu gern auf dem Leim geht[14]. In Wahrheit gibt es viel mehr rechts- als linksextreme Studenten[15]. Der oppositionelle Prozentsatz liegt bei den Studenten nicht höher als bei der Gesamtbevölkerung[16]. Der plötzliche Auftritt einer irgendwie andersartigen „Neuen Linken" um 1964 ist also eine, wenn auch wirksame, optische Täuschung, letztlich ein Propagandatrick.

(2) *Charles Reich*[17]: Die (ganze?) Jugend erhebt sich in gewaltloser Kulturrevolution[18] gegen den Staat der Großbürokratien (corporate state) und seine zerstörerische Rationalität. Plötzlich, irgendwann nach 1967, verwandelten sich immer mehr angepaßte arbeitsame Studenten auf einen Schlag in langhaarige, haschrauchende, friedliche „freaks"[19]. Eine neue Generationssolidarität blüht über Klassen- und Rassengrenzen, „die Jugendlichen" von Küste zu Küste erkennen einander als Brüder und Schwestern. Ihr neues Bewußtsein der Freiheit von Konsum- und Statuszwang, ihre schöpferische und sinnenfrohe Selbstverwirklichung, ihre Menschenliebe und psychedelische Kultur greifen um sich wie ein Steppenbrand, um endlich unaufhaltsam auch die Alten, ja, alle Bürger zu erfassen und ganz Amerika wieder grün und sanft zu machen[20].

(3) *Kleemann*: Die amerikanische Neue Linke begann als liberale mittelständische Bewegung von jugendlichen Bürgerrechtskämpfern. Inzwischen ist sie zur sozialistischen Bewegung gereift[21]. Kleemann stellt die Studentenbewegung in den größeren Zusammenhang des schwarzen Bürgerrechts- und Befreiungskampfes. Um die Akzentuierung ihrer Darstellung zu verstehen, muß man ihr eigenes politisches Programm kennen. Das Bild dessen, was sich tatsächlich ereignet, ist von dem, was nach ihrem Werturteil geschehen *sollte,* kaum zu unterscheiden: „Da die Organisierung der schwarzen Bevölkerung ... nur von schwarzen Arbeitern in der Produktion bzw. von den Black Panthers in der schwarzen Gemeinde vorangetrieben werden kann, ist der weißen Linken die Aufgabe gestellt, (die) Kämpfe der Dritten-Welt-Gruppen dadurch zu unterstützen, daß sie neue Ansätze der Zusammenarbeit mit Fraktionen der weißen Arbeiterklasse entwickelt[22]." So soll es sein. Und so ist es anscheinend auch. Die Ge-

---

[14] Lipset/Altbach (1967) S. 200, 203.
[15] Ebd. S. 206.
[16] Lipset/Altbach (1967) S. 232.
[17] Man mag einwenden, Reich (Juraprofessor an Yale) sei kein zünftiger Soziologe und deshalb kein legitimer Vergleich für Lipset. Gleichwohl betreibt Reich Sozialtheorie, und sein Mangel an zünftigem Vokabular macht sein Paradigma nur etwas sinnfälliger, ohne einen prinzipiellen Unterschied zu begründen.
[18] Reich (1971) S. 239.
[19] Ebd. S. 240.
[20] Ebd. S. 2 ff.
[21] Kleemann (1971) S. 11, 188.

V. Die Fruchtbarkeit der Gouldnerschen Perspektive

schichte der Neuen Linken seit 1968 gerät der Kleemann zur Chronik der „bewußten Gruppen" des SDS, die ihre eigene Ansicht teilen[23].

Eine der vier Fraktionen des gespaltenen SDS (Students for a Democratic Society), eine Handvoll Studenten namens „RYM II" (Revolutionary Youth Movement, zweite Version, scharf zu unterscheiden von RYM I [„Weathermen"], deren „mangelndes Verständnis" für die „Aufgaben des proletarischen Internationalismus" zu rügen ist[23]) — diese bewußte Gruppe RYM II also erscheint am Schluß der Chronik geradezu als die wahre Neue Linke, als linkes Corpus Mysticum. Die Frage nach der statistischen Relevanz, hinter der Lipset sich verschanzt, würde von Kleemann sicher als konterrevolutionär zurückgewiesen — und das mit vollem Recht.

Wer um 1970 mit dem Kleemann-Buch als Reiseführer in der USA nach der Neuen Linken gesucht hätte, nach ihrem großen Aufschwung vom „abstrakten Internationalismus" zum Einsatz für den „Klassenkampf im Produktionsprozeß"[24], der hätte sich beim Anblick der resignativen Schrumpfexistenz der Bewegung die Augen gerieben[25]. Kleemann schreibt Heilsgeschichte, so gut wie Reich[26].

Nach Wahlen erklären häufig sämtliche Parteien, sie hätten gewonnen. Ähnlich sehen Lipset, Reich und Kleemann alle genau das objektiv geschehene, was sie sich wünschen. Für Lipset findet die Studentenrebellion gar nicht erst statt. Für Reich verändert sie Amerika „unaufhaltsam" in Richtung seiner heilen unpolitischen Hippiewelt. Für Kleemann hat Marx wieder einmal recht behalten (*ihr* Marx natürlich, nicht der von RYM I oder gar von PLP[27], welche ein „ausgeprägtes Unverständnis für marxistische Prinzipien" an den Tag legt).

Es ist kein Zufall, daß wir Kleemanns Paradigma gerade aus Berlin haben. Dort ergriff zur Zeit ihrer Darstellung eben eine Kaderideologie die Reste der antiautoritären Studentenbewegung. Man machte sich daran, ein halbes Dutzend „Parteien der Arbeiterklasse" ins Leben zu rufen.

Nach dieser Palette divergenter Beschreibungen des Phänomens werden unterschiedliche Erklärungen und Wertungen nicht überraschen. So

---

[22] Kleemann (1971) S. 150 f.
[23] S. 146.
[24] Ebd. S. 9.
[25] So meine „persönliche Realität" bei einer USA-Reise 1971. — Vgl. auch Bondy (1973).
[26] Reich ist sich immerhin teilbewußt, daß er ein Märchenbuch schreibt. (Er nannte es „a work of fiction", vgl. Nobile [1971], Einl., S. XIII.) Dagegen gehört nur wenig Bosheit dazu, das von Kleemann referierte Motto der „Weathermen" — „You don't need to be a Weatherman to know which way the wind blows" (S. 142) — auf Kleemanns Trendanalyse wie folgt umzumünzen: „You need to be a sociological weatherman so completely to misjudge which way the wind blows."
[27] Kleemann (1971) S. 135 (Progressive Labor Party).

deuten die amerikanischen Sozialtheoretiker Roszak, Slater und Hayden die Neue Linke als revolutionäre Kraft gegen den imperialistischen Kriegs- und Wohlfahrtsstaat; Ihre Kollegen Brzezinski, Feuer, Bettelheim und Kahn sehen die Neue Linke als Konterrevolution gegen das neue „technotronische", das postindustrielle Zeitalter. Die „Maschinenstürmer" sind geisteswissenschaftliche Studenten, „obsolete youth", die sich vor Veraltung ihres Wissens fürchten[28].

Was Wunder, daß der Liberale Keniston eine Synthese beider Thesen unternimmt[29].

b) Die Frage nach dem Werturteil

Es ist offenbar kaum möglich, bei diesen Äußerungen „Erklärung" im Sinne von kausaler Ableitung und „Wertung" auseinanderzuhalten. Selbst bei den zitierten „Beschreibungen" des Phänomens war die Wertung deutlich der erste Schritt[30].

---

[28] Zitiert nach Keniston (1971, 1) S. 8 ff.
[29] Ebd. S. 12 f.
[30] Damit soll eine analytische und auch praktische, nämlich graduelle, Unterscheidung zwischen „Beschreibung" und „Wertung" nicht für unmöglich oder überflüssig erklärt werden. Es bleibt ein wichtiger Unterschied zwischen den Aussagen (1) „Amerikanische Flugzeuge warfen Bomben auf Hanoi" und (2) „Luftbanditen des US-Imperialismus terrorisierten die heldenhafte Bevölkerung der DRV-Hauptstadt mit Mordangriffen". Oder, wenn's umgekehrt beliebt: Die Aussage (1) „DDR-Grenzposten töteten mit Gewehrschüssen einen Mann bei dem Versuch, bei X die Grenzanlagen nach Westen zu übersteigen" ist sicher keine wertfreie Feststellung, zumal sie nie für sich allein steht, sondern immer einen Kontext und Stellenwert hat (Dreispaltiger Aufmacher Seite 1 oder drei Zeilen unter „Vermischtes" auf Seite 5). Die Aussage ist aber wertfreier als diese: (2) „Zonenflüchtling verblutete an der Schandmauer in brutalen Gewehrsalven von Ulbrichts Mordschützen".
Damit ist nicht gesagt, die (relative) Wertfreiheit sei schon ein Wert. Es kann wertvoller sein, Stellung zu nehmen als sich um möglichst wertfreie Protokollaussagen zu bemühen. Nur unterscheiden zwischen beiden sollte man können — und gelegentlich wollen. Dazu gehört es freilich auch, die Wertimplikationen und den Wertungszusammenhang einer „Protokollaussage" einzuschätzen.
Die Protokollaussage (1) über die amerikanischen Bombenangriffe hat immerhin den Vorteil, daß sowohl das US-Oberkommando als auch Radio Hanoi sie als wahr bezeichnen, wenn auch nicht ohne wertende Zusätze. Diese schmale Ausgangsbasis kognitiver Verständigung sollte aber nicht gering geachtet werden.

Zweiter Teil

Der Ort des Werturteils in der Wissenssoziologie von Gouldner und Mannheim

I. Gouldners Werte: Woher?

Gouldner hat mehr gehalten, als er versprochen hat. Sein methodisches Programm verspricht lediglich, das Sosein einer Sozialtheorie zu erklären. Muster: In der Theorie X beruht diese Grundkategorie, jene Wertung auf diesem emotionalen Bedürfnis, jener persönlichen Realität.

In seiner praktischen Behandlung von Parsons' Sozialtheorie geht Gouldner über die genetische Analyse jedoch hinaus. Er sagt nicht nur, woher Parsons' Konzepte stammen. Er sagt auch, daß sie rückschrittlich, daß sie schlecht sind.

Damit zieht Gouldner eine Trumpfkarte aus dem Ärmel, die beim Mischen der Karten nicht dabei war. Die Wertung bleibt methodisch unausgewiesen. Wenn Gouldner eine Theorie gut oder schlecht findet, so kann das im Rahmen seiner eigenen Kategorien nur heißen: Die gelobte Theorie harmoniert mit seiner eigenen hermeneutisch-emotionalen Basis, die getadelte nicht. Und was bedeutet das schon für den Leser? Solange nicht die Unterscheidung zwischen richtigen und falschen Bedürfnissen methodisch ermöglicht wird, ist die eine Basis mit der anderen gleich gültig.

Gouldner meint sein Werturteil über Parsons sicher nicht als methodisch irrelevante Zugabe zu einer wertfreien genetischen Typologie des Denkens. Es soll kein Willkürspruch seines privaten „Dämons"[1] sein, sondern eine kritische Leistung seiner Reflexiven Soziologie. Er zeigt aber nicht den Weg dorthin.

Wir wollen uns einige von Gouldners konkreten Werturteilen auf ihre logische Struktur und ihren Wertmaßstab ansehen.

(1) Mehrfach richtet Gouldner gegen Aussagen von Parsons den Vorwurf *empirischer Impotenz*. Das heißt: Parsons' Paradigma blendet Tatbestände aus, die sich als relevant aufdrängen. Zum Beispiel: Das von Parsons herausgegebene Sammelwerk „American Sociology" (1968) betreibt die „Stra-

---

[1] Im Sinne von Max Weber (1968, 2) S. 613.

tegie der Großen Auslassung". Es ist ein „sehr selektives, einseitiges Bild der amerikanischen Gesellschaft". Verfaßt inmitten der Kriege in Vietnam und in den Negerghettos, schweigt sich das Buch über Krieg und Imperialismus hartnäckig aus[2].

Ähnlich strukturiert ist folgendes Unwerturteil: Parsons' soziales System unterschlägt vieles von der biologischen Konstitution des Menschen, von seiner physiologischen Funktion, seinen natürlichen und sonstigen Umweltbedingungen[3]. Die logische Struktur dieses Urteils wird klar durch einen Vergleich, den Gouldner anschließt: Eine Theorie, die solche „materiellen" Elemente ausblendet, ist wie eine Gymnastiktheorie, die Menschen ohne Knochengerüst postuliert[4]. Gouldner findet bei Parsons „wissenschaftlichen Ritualismus ohne empirische Potenz".

Parsons' Auslassungen erweisen sich als Unwert im Vergleich mit der materiellen Lage, wie sie jedem Vernünftigen sichtbar ist. Hier ist das objektivistische Vorverständnis am Werk, das wir Gouldner schon nachgewiesen haben[5]. Gouldner setzt selbstverständlich nicht pure Empirie gegen Parsons' Theorie, sondern eine Theorie gegen die andere. Denn nie ist Theorie unmittelbar mit Empirie konfrontierbar, nicht einmal in der Naturwissenschaft, sondern immer nur mit anderer Theorie[6].

Gouldners Argument gegen Parsons schöpft seine Theorie zum einen Teil aus andersartiger, nicht wissenssoziologischer Theorie. So ist der Vorwurf, Parsons erwähne den Imperialismus nicht, nur aus einer Imperialismustheorie ableitbar.

Zum anderen Teil schöpft Gouldner seine Gegentheorie aus dem „gesunden Menschenverstand", dem Konsens aller, die Augen haben zu sehen. Vor diesem Forum erweist sich ein amerikanisches Gegenwartsbild ohne Vietnam- und Rassenkrieg als lückenhaft nicht nur (denn das ist jedes Bild), sondern als verwerfliche Verschleierung.

Dieser vielfach als theoriefrei gelobte „common sense" ist die einflußreichste aller Theorien. Kein Theoretiker, kein einziger, der seine ersten Schritte und noch tausend spätere nicht an ihrem Schürzenzipfel täte. Das Ausmaß ihrer Macht bleibt im Dunkel und ist kaum kontrollierbar, aller Hermeneutik zum Trotz.

(2) Ein zweiter Typ von Werturteil gibt sich als *empirische Wertwiderlegung*. Parsons erschleicht sein Werturteil zugunsten der bestehenden Herrschaftsordnung, indem er Macht kurzerhand als legitim *definiert*. Macht ist nur sekundäre oder residuale Kategorie, ein Nebeneffekt von besonderen Verdiensten bei der Wertschöpfung für die Gesellschaft. Folgerichtig bildet die soziale Schichtung nur den Gradunterschied der individuellen

---

[2] Gouldner (1970) S. 49.
[3] Ebd. S. 212.
[4] Ebd. S. 213 (Metapher von Ruskin).
[5] Vgl. oben, Erster Teil, IV.
[6] Lakatos (1970) S. 98—100.

Nützlichkeit für das Gemeinwohl ab. Dies Werturteil widerlegt Gouldner durch eine Konfrontation mit empirischen Daten, „factual material", über die Macht des nackten, verdienstlosen, ererbten oder erschwindelten Reichtums[7].

(3) Mehrfach meint Gouldner in Parsons' Werturteilen *logische Fehler* zu erkennen. Parsons übersieht die Ausbeutung, weil er die Gradunterschiede bei der Gegenseitigkeit der Bedürfnisbefriedigung verkennt[8]. Dahinter steckt eine Unlogik. Wenn, wie Parsons meint, der moralische Konsens den Zusammenhalt garantiert, dann wären ja keine moralischen Normen nötig. Deren bloße Existenz bezeugt Spannung und Konflikt: Ego gibt nicht freiwillig, was Alter erwartet[9].

(4) Gouldner setzt *Werturteil gegen Werturteil*. Parsons, so meint er, verteidigt die bestehende Ordnung und will ihren Machtapparat um jeden Preis in Gang halten. Gouldner will dagegen diese Ordnung verändern, weil sie zu Krieg, Ungerechtigkeit und menschenunwürdiger Arbeit führt[10]. Das positive Werturteil über die Bilanz der bestehenden Ordnung wird also mit dem negativen beantwortet.

(5) Gouldner *lehnt eine Bereichsannahme* von Parsons *ab* und ersetzt sie durch eine eigene. Parsons meint, Menschen so erziehen zu können, daß Ego nicht mehr begehrt, als Alter freiwillig gewährt. Das Gegenteil hält Gouldner für „intrinsic to the human condition"[11].

Ein ähnliches Werturteil: „Es gibt für mich keinen Zweifel, daß viele der Details und viele der grundlegenden Annahmen, mit denen Parsons das Gleichgewichtsproblem zu lösen versucht, falsch sind[12]." Hier klingt an, daß Vorannahmen vielleicht wenigstens zum Teil („Details") empirisch falsifizierbar sind.

(6) Etwas überraschend nach dem relativistischen Ansatz beruft sich Gouldner einmal auf die *„Wahrheit" als Beurteilungsmaßstab*[13]. Persönliche Realität, und sie allein, kann ebenso zur Näherung an Wahrheit führen wie zum Irrtum. Es genügt nicht, das Leben eines Denkers zu kennen, um die Wahrheit seines Denkens zu beurteilen. Dazu führt nur eine Analyse des Werkes selbst.

Genesis und Geltung werden also (plötzlich?) getrennt. Gouldner nennt ein Popperianisch klingendes Wahrheitskriterium: Selbstbehauptung gegenüber der Kritik[14]. Etwas relativistischer, wissenssoziologischer, hört sich die Zusatzbemerkung an, das Werk sei „nur nach Maßstäben zu beurteilen, die ihm angemessen sind".

(7) Gouldner beurteilt eine Weltanschauung nicht absolut, sondern glaubt so etwas wie die *Zeitgemäßheit von Ideologien* ausmachen zu können. Mit

---

[7] Gouldner (1970) S. 287—292. Auf S. 289 f. benutzt er den Kuhnschen Begriff „Anomalie" für die Diskrepanz zwischen Parsons' moralischer Machtdefinition und tatsächlicher Macht.
[8] Gouldner (1970) S. 240.
[9] Ebd. S. 235.
[10] Gouldner (1970) S. 281.
[11] Ebd. S. 429.
[12] Ebd. S. 456.
[13] Ebd. S. 482.
[14] Ebd.

historischer Sensibilität will er erkennen, daß befreiende Ideologien von gestern heute blind machen können, daß sie veralten. Der Freudianismus war vor Jahrzehnten für die Mittelklasse befreiend. Heute, nachdem die sexuelle Aufklärung zum Gemeinplatz geworden ist, verwendet man Psychoanalyse häufig repressiv, um jedes abweichende Verhalten als neurotisch zu denunzieren[15].

(8) Gouldner bekennt sich, bei allem Relativismus, zur *„Objektivität" als Programm* der Reflexiven Soziologie. Als Wissenssoziologe kann er diesen Begriff nur relativ, nur in Anführungsstrichen verwenden. Er bedeutet, daß der reflexive Soziologe sich mit Erfolg bemühen kann, „feindliche Information" zu verwenden. Tatsachen, die seinen Vorannahmen und Gefühlen widersprechen, kann und soll er dennoch zur Kenntnis nehmen. Er muß mit dieser Bedrohung seiner Ich-Identität leben können („control the self in the face of threat"). Diese Offenheit für unangenehme Tatsachen erfordert Mut und die „älteste aller Tugenden": Männlichkeit[16].

Diese Typologie der Werturteile nach logischer Struktur ist offenbar keine scharfe Abgrenzung. Unterscheidbar sind nur die Schwerpunkte des Vorwurfs gegen Parsons und der eigenen Werturteilsbildung.

Gouldner erörtert aber nicht systematisch, wie Werturteile, die mehr sind als Geschmacksurteile, sich mit dem relativistischen Ansatz vertragen.

Vielleicht hilft uns *Karl Mannheim* weiter. Nicht erst die Gouldnerschen Werturteile vom Typ (7) und (8) erinnern uns an ihn[17]. Gouldners ganzes Unternehmen erscheint als praktischer Einlösungsversuch für Mannheims Programm, „den Zusammenhang zwischen sozialer Seinslage und (ideologischer) Sicht herauszuarbeiten"[18]. Mannheim will also Denkweise und Seinslage in Beziehung setzen, „relationieren", und Wissen nur „standortgebunden" als gültig anerkennen[19].

Gouldner geht an den unklaren Begriff der Seinslage systematischer heran als Mannheim selbst. Sicher ist seine „subtheoretische Basis" nicht identisch mit dem, was Mannheim sich unter Seinslage vorstellt. Immerhin erinnert es stark an Gouldners „Gefühle" und „persönliche Realität", wenn Mannheim eine „Denkweise" nicht logisch zergliedern, sondern aus „psychischen Wurzeln", „emotionalen und vitalen Impulsen"

---

[15] Gouldner, S. 499 f. Vgl. auch das gleichgelagerte Liberalismus-Beispiel, oben Erster Teil, I. 4.

[16] Gouldner (1970) S. 494. Ähnlich Weber (1968, 1) S. 493: Wissenschaft bedeutet: „Auch und gerade persönlich unbequeme Tatsachen zunächst einmal anzuerkennen und ihre Feststellung von der bewertenden Stellungnahme dazu zu scheiden." Die Trennung beider Sphären ist nach Gouldner nicht, wie bei Weber, absolut, doch aber graduell möglich. Zur Kritik an Weber vgl. unten.

[17] Vgl. unten II. 1 und IV, Fn. 3.

[18] Mannheim (1965) S. 71.

[19] Ebd. S. 72.

und aus der „Situation" verstehen will, in der sie „entsteht und die (sie) zu lösen sucht"[20].

Die nahe Verwandtschaft dieser beiden wissenssoziologischen Programme läßt erwarten, daß es auch Gouldner zugutekäme, wenn Mannheim es schafft, dem wissenssoziologischen Werturteil eine eigene Grundlage zu geben.

Schafft Mannheim es nicht, so überlegen wir, wie es wohl möglich wäre. Haben wir einen gangbaren Weg zu einer gleichzeitig relationistischen und wertenden Sozialtheorie angedeutet, so befassen wir uns mit einigen exemplarischen Einwänden. Horkheimer leugnet den Sinn einer Trennung von Sein und Sollen. Handlungsanweisungen ergeben sich für ihn direkt aus dem Sein, nicht aus einem besonderen Werturteil. Sklair will Werturteile aus Seinsstrukturen zwingend ableiten. Gelingt es ihm, so ist der Relationismus überwunden.

Unser skizziertes Unternehmen beschränkt sich nach Umfang und Anspruch auf einen Essay. Also einen Versuch, diesem weitreichenden Gedankengang einen provisorischen Pfad durchs Gestrüpp zu schlagen. Viele Orte, über die er führen müßte, werden ausgelassen, andere nur gestreift. Das Literaturgebirge, das sich in diesem Gebiet auftürmt, wird nicht bestiegen. Auch hier unten in der Ebene nichtzünftigen Argumentierens sollte eine Orientierungsreise der Klärung näherführen.

II. Mannheims Urteil über die „Zeitgemäßheit"

1. Der total-allgemeine Ideologiebegriff

Mannheim macht aus der Spielart des Ideologiebegriffs, den Marx zu einer scharfen Waffe gegen das Denken seiner Widersacher geschmiedet hatte, ein neutrales Instrument zur Untersuchung jedes möglichen Denkens[1]. Mannheim nennt Marxens Ideologiebegriff „total", denn er entlarvt nicht nur einzelne Lügen und Selbsttäuschungen des Gegners, wie der „partikulare", sondern hebt den ganzen Denkansatz aus den Angeln[2].

Den totalen Ideologiebegriff entwickelt Mannheim weiter zum „totalallgemeinen". Diesem ist der Ideologiekritiker so gut unterworfen wie der Ideologe, Marx so gut wie Bruno Bauer und Mannheim selbst. Es gibt kein schlechthin „wahres" Denken mehr, von dem sich Ideologie als falsches Bewußtsein abhebt. Jedes Denken ist historisch-gesellschaft-

---

[20] Ebd. S. 3 f.
[1] Vgl. Lenk (1970) S. 53 f.
[2] Mannheim (1965) S. 53—55.

lich bedingt, „nur in standortgebundenen Aspektstrukturen formulierbar" und gültig³.

Dieser „Relationismus"⁴ ist eine Art Historismus, auf die Gegenwart gewendet. Historismus mißt Denkprodukte nicht an einer objektiven Wahrheit, sondern würdigt sie als Denk-„Stil", akzeptiert sie als Ausdruck einer einmaligen gelebten subjektiven Wirklichkeit⁵. Damit ist die Wertung aber nicht nicht gänzlich abgeschnitten. Der Historismus verzichtet nicht darauf, das eine Denkgebilde, etwa Petrarcas Philosophie, als vollendeten Ausdruck einer Epoche zu feiern, das andere mit Nichtachtung zu strafen. Ohne solche Relevanzentscheidungen müßte der Geschichtsschreiber in einem Meer zusammenhang- und bedeutungsloser Fakten ertrinken⁶. Nicht einmal der konsequenteste Historismus betreibt also Relativismus in dem Sinne, daß alles ihm gleich gut gilt.

Entsprechend will Mannheim nun auch für die Gegenwart beurteilen (d. h. ontologisch entscheiden), ob ein Denkstil auf der Höhe der Zeit, „zeitgemäß" ist oder ein abgestorbener Ast am Lebensbaum des Bewußtseins. Damit stellt er unter der neutralen Überschrift des total-allgemeinen Ideologiebegriffs den Unterschied zwischen „wahren und unwahren, echten und unechten" Normen und Denkweisen wieder her⁷. Selbst die einseitige Gleichsetzung von Ideologie mit *falschem* Bewußtsein (statt mit Bewußtsein überhaupt) kehrt wieder (z. B.: Die ethische Norm des zinslosen Darlehens wird zur „Ideologie", sobald sie durch die kapitalistischen Verhältnisse „überholt" ist⁸).

Wie aber unterscheidet Mannheim „wahres" von „falschem" Denken? Er will es machen wie der Historismus, aber ihm fehlt dessen Hilfsmittel: Der Überblick über das, was nachher kam. Der historische Chronist hat es leichter, den Vorrang des Petrarca vor einem zeitgenössischen Epigonen der Scholastik zu rechtfertigen. Er weiß ex post, daß der siegreiche Denkstil der Renaissance in Petrarca, nicht in jenem Namenslosen Gestalt gefunden hat. Die Renaissance selbst hätte sich als solche

---

³ Ebd. S. 242.
⁴ Ebd. S. 71 f. und S. 242. Mannheim grenzt ihn vom „Relativismus" ab. Dieser orientiere sich am statisch-mathematischen Denkparadigma (Urbild 2 × 2 = 4). Da ein derart eindeutiges Wissen gesellschaftlich nicht möglich sei, verwerfe er jedes Denken als beliebig, bloß relativ. Der Relationismus gehe von einer dynamischen Erkenntnistheorie aus. Für ihn sei auch ein standortgebundenes Denken wahrheitsfähig, weil es unbezügliche Wahrheit nicht gebe.
⁵ Vgl. ebd. S. 72 f.
⁶ Entsprechend Mannheim (1965) S. 82 f.: Artikulation, Akzentuierung des Geschehens, die erst Geschichte ausmachen, sind wertende ontologische Entscheidung.
⁷ Mannheim (1965) S. 83.
⁸ Ebd. S. 84.

II. Mannheims Urteil über die „Zeitgemäßheit"

weder benennen noch begreifen können. Das blieb späteren Historikern vorbehalten.

Mannheim versucht nun, den künftigen Geschichtsschreibern seines eigenen Zeitalters über die Schulter zu gucken. Das ist an sich nichts Ungewöhnliches. Jede mit Heilsanspruch auftretende Weltanschauung behauptet, sie werde künftigen Historikern als Schrittmacher des Fortschritts gelten. Dahinter steckt aber meist eine Geschichtsphilosophie, die einen bestimmten Denkstandort absolut setzt[9]. Dieser breite und bequeme Weg ist dem Relationisten Mannheim versperrt. Sehen wir uns an, wie er sich dennoch zu seinem Wertungsziel durchzuschlängeln sucht[10].

„Falsch ist demnach im Ethischen ein Bewußtsein, wenn es sich an Normen orientiert, denen entsprechend es auch beim besten Willen auf einer gegebenen Seinsstufe nicht handeln könnte, wenn also das Versagen des Individuums gar nicht als individuelles Versagen aufgefaßt werden kann, sondern das Fehlhandeln durch eine falsch angelegte moralische Axiomatik ... erzwungen ist. Falsch ist in der seelischen Selbstauslegung ein Bewußtsein, wenn es durch die eingelebten Sinngebungen (Lebensformen, Erkenntnisformen, Auffassung von Welt und Menschentum) neuartiges Reagieren und neuartiges Menschwerden überhaupt verdeckt und verhindert. Falsch ist ein theoretisches Bewußtsein, wenn es in der ‚weltlichen' Lebensorientierung in Kategorien denkt, denen entsprechend man sich auf der gegebenen Seinsstufe konsequent gar nicht zurechtfinden könnte. Es sind also in erster Linie überholte und überlebte ... Denkformen ..., die in diese ‚ideologische' Funktion geraten ... und vollzogenes Handeln, vorliegendes inneres und äußeres Sein nicht klären, sondern vielmehr verdecken."

Das ist ein Blütenstrauß von Generalklauseln. Sie treffen keine eigene Wertentscheidung, sondern decken jede. Nach Geschmack entscheidet jedermann, was ein „konsequentes Zurechtfinden auf einer gegebenen Seinsstufe" wohl sein mag. Ist der sozialistische Umwälzungsplan der „Black Panthers" oder das zu Gottesfurcht und Menschenliebe aufrufende Klampfenspiel der „Jesus People" das zeitgemäße „Reagieren" auf das Elend der USA, die „Klärung inneren und äußeren Seins"? Solange man historistisch beim Erleben des einzelnen verweilt, mag es sein, daß der Klampfenspieler recht behält. Er fühlt sich vielleicht getröstet, empfindet sein inneres Sein als geklärt, während der junge Revolutionär frustiert ist. Das Sein ist für den Radikalen und den Jesusmenschen derart verschieden strukturiert, daß der Wissenssoziologe auf dieser subjektiven Ebene kaum mehr tun kann als sich nach Gutdünken für den eigenen oder anderen entscheiden.

---

[9] Der Marxismus setzt in diesem Sinne den Denkstandort des Proletariats selbst dann absolut, wenn er den Untergang des Proletariats zugleich mit dem der feindlichen Klasse anstrebt. Denn trotz der historischen Partikularität seines Standorts handelt das Proletariat als erste Klasse der Geschichte als Sachwalterin des Glücks der gesamten Menschheit. Vgl. Hahn (1970) S. 153 f.

[10] Mannheim (1965) S. 83 f.

2. Das erborgte „Sein"

Festen Boden bekommt man hier erst unter die Füße, wenn man sich auf irgendein vorgegebenes „Ansich" bezieht, an dem sich Richtigkeit oder Falschheit des Bewußtseins erweisen. Es ist kein Zufall, daß Mannheim eben dies tut, sobald er Beispiele für falsches Bewußtsein gibt. Die Ethik des zinslosen Darlehens wird falsch, weil sie dem Nachbarschaftsverband entstammt und für den Kapitalismus nicht mehr paßt. Die „Weltorientierung" eines Gutsbesitzers „versagt erkenntnismäßig", wenn er bereits kapitalistisch produziert, seine Beziehungen zu den Arbeitern aber noch patriarchalisch deutet[11].

Hier verweist Mannheim deutlich auf etwas, das objektiver ist als Bewußtsein. An diesem Etwas wird Bewußtsein gemessen — mit dem Ergebnis, daß es sich als richtig/falsch oder doch als angemessen/unangemessen erweist. Dies objektive Etwas ist das Sein[12].

Insofern trifft der Vorwurf einer rein idealistischen Geschichtskonstruktion Mannheim nicht. Lenk lastet der Theorie im Gefolge Schelers an, sie setze Geschichte mit Geschichtsbild gleich und mache Historiographie zur prima causa des historischen Prozesses[13]. Für Lenk ist das, worauf die historische Quelle hinweist, ein „Ansichseiendes". Bis dahin würde Mannheim wohl zustimmen. Er sagt sogar ausdrücklich, daß Wissenssoziologie objektive Wahrheit nicht ausschließt. Auch in Sozialwissenschaften muß „das letzte Kriterium des Wahren und Falschen in der Erforschung des Gegenstands selbst gefunden werden, und die Wissenssoziologie ist kein Ersatz hierfür"[14]. Wissenssoziologie ruht also irgendwie auf einem Fundament vorgegebener Gegenstände, mit deren Objektivität sie rechnen muß. Eigene Maßstäbe zur Ermittlung dieses Objektiven scheint sie nicht zu haben. Sie ist eben „kein Ersatz" für die „Erforschung des Gegenstands"[15].

Das Urteil, unser Gutsbesitzer produziere objektiv kapitalistisch, kann nicht der Wissenssoziologie, sondern nur der Erforschung des Gegenstands selbst entstammen. Zeitgemäßheit bemißt sich hier an einer Theorie, die nach Horkheimer[16] „naturwissenschaftlich" ist und damit Anspruch auf nicht-ideologiehafte Richtigkeit erhebt. Einen solchen

---

[11] Mannheim (1965) S. 84 f.
[12] Mannheim (1965) S. 87: Ein Sinnsystem ist eine Zeitlang adäquater Ausdruck eines bestimmten historischen Seins.
[13] Lenk (1970) S. 426, unter Berufung auf Diwald.
[14] Mannheim (1965) S. 6.
[15] Plessner (1970) S. 274: Ein Kriterium für Seinsdeckung (Zeitgemäßheit) eines Denkens gebe es wohl auch im Sinne Mannheims nicht.
[16] Horkheimer (1970, 1) S. 301.

Rückgriff auf absolute Größen erklärt Horkheimer für unversöhnlich mit dem total-allgemeinen Ideologiebegriff[17].

Mannheim trifft bei seiner Wertung hier auf dieselbe Aporie wie Gouldner schon bei der Bestimmung der Seinsgrundlage einer Theorie[18]. Ebenso wie Gouldner erborgt Mannheim das „Sein" von einem anderen Theorieverständnis, ohne eine Brücke dorthin zu schlagen.

3. Das „ekstatische Außerhalb"

Der „Gegenstand" selbst ist nicht die einzige absolute Größe, an der Mannheim Zeitgemäßheit mißt. Daneben treten geheimnisvolle Formeln wie „das im geschichtlichen Werden aufgegebene Problem", das „ekstatische Außerhalb" des geschichtlichen Seins, das diesem immer wieder den Anstoß gibt, das „Werden des Wesens Mensch" und schließlich „Einheit und Sinn der Geschichte"[19]. Erst die Orientierung an einer „werdenden Totalität"[20] — man möchte mit Kant sagen: diese teleologische Geschichtsbetrachtung — ermöglicht die wertende „soziologische Zeitdiagnostik"[21].

Diese Formeln insinuieren, daß Geschichte eben doch eine (moralische?) Richtung hat, daß der zeitgemäße Denker einen Zipfel des rauschenden Mantels der Geschichte erhaschen kann. Geschichte wird nach allen Wenns und Abers doch wieder — ein ganz klein bißchen — absolut gesetzt[22].

Horkheimer sieht darin die Krücke einer dogmatischen Metaphysik, ohne die Mannheims scheinbar dynamische Soziologie nicht stehen könne[23].

Wir wollen nun die beiden Ankerpunkte untersuchen, an denen Mannheim seine Wertung festmacht. Es sind: Die Erforschung des Gegenstands und das Ekstatische.

---

[17] Horkheimer (1970, 1) S. 292. Ausdrücklich bezieht Horkheimer sich hier zwar nur auf das „Ekstatische", vgl. im folgenden; Es müßte aber auch auf „das Sein" Mannheims zutreffen.
[18] Vgl. oben, Erster Teil, IV am Ende.
[19] Mannheim (1965) S. 81 f.
[20] Ebd. S. 82.
[21] Ebd.
[22] Vgl. Plessner (1970) S. 278: Die Zeit ist bei Mannheim das neue Ding an sich.
[23] Horkheimer (1970, 1) S. 292.

III. Das Kontinuum zwischen Fakt und Wert

1. Das reine Ansich

Vom Gegenstand selbst oder dem Sein, an dem Denkstile zu messen sind, spricht Mannheim nur beiläufig. Wir haben aber gesehen, daß er zum Zweck praktischer Wertung (Gutsbesitzer-Beispiel) darauf zurückkommen muß. Wie kann die Erforschung des Gegenstandes, das „direkte Hinsehen auf die Sachen"[1] aussehen? Dies geht zwar außerhalb von Wissenssoziologie vor sich, leitet sie aber zur Wertung an, muß also irgendwo mit ihr kompatibel sein.

Der Gegenstand selbst: Das ist jenes Ansichseiende, auf das die historische Quelle verweist. Caesar ist „an sich" getötet worden, nicht nur „für uns" Geschichtsbetrachter. Der empirische Mensch Brutus hat ihn mit einem Dolch erstochen, nicht der Historiograph mit dem Gänsekiel.

Dies „Ansich" bedeutet aber für die Geschichte noch nicht viel. Es ist Geschichte so sehr oder so wenig wie der unbehauene Stein das Standbild ist. Ist die Geschichte ein Turm, so ist ihr Ansich kaum mehr als der zum Bau benötigte Steinbruch. Der Turm ist dann ein durchaus materielles Gebilde aus Stein, aber ebenso sehr ein Produkt der geistigen Konzeption des Architekten.

Denn: Wieso ist die Tötung Caesars geschichtlich bedeutsamer als der Totschlag irgendeines römischen Plebejers an seiner Geliebten oder einer römischen Katze an einer römischen Maus? Mit dieser Frage beginnt nicht erst Geschichtsschreibung, sondern schon Geschichte selbst. Bevor diese Frage gestellt ist, gibt es nur eine amorphe Masse von Begebenheiten. Insofern hängt Geschichte eben doch von der Deutung des Historikers ab[2].

Insofern! Nicht in jeder Beziehung also. Hat der Historiker einmal entschieden, daß die Tötung Caesars Geschichte ist, dann gibt es eine objektive Kausalität, die er nur noch objektiv erkennen oder verfehlen kann. Er vermag nicht nach Belieben zu entscheiden, Caesar sei nicht am Dolch des Brutus, sondern an Erkältung gestorben. Diese Kausalität ist wiederum ein solches Ansich, auf das Quellen verweisen.

Diese scheinbar so selbstverständliche Feststellung ist ein Bruch in unserer bisherigen Argumentation. Unter „Ansich" haben wir bislang so etwas wie außenweltliche Tatsachen verstanden, etwa die Existenz von Röntgenstrahlen oder die Bewegung von Merkurs Perihel. Wir mußten aber den theoriegesättigten Charakter selbst dieser naturwissenschaftlicher „Beobachtungstatsachen" einsehen. Danach erscheint die

---
[1] Mannheim (1965) S. 244.
[2] Entgegen Lenk (1970) S. 425, vgl. oben.

Feststellung, Caesars Tötung sei ein simpler Fakt, als schwerer Rückfall in den „common sense". Dieser Rückfall ist beabsichtigt und gerechtfertigt.

Zwar stimmt es, daß die Aussage „Brutus hat Caesar getötet" kein reines Ansich ist, sondern Entscheidungen voraussetzt — linguistische und ontologische; dazu eine durchaus normative juristische Subsumtion[3].

Im Zusammenhang mit Geschichtsschreibung brauchen wir nicht so puristisch zu sein, sondern dürfen getrost als „an sich stehende Tatsache" bezeichnen, worüber nach gesundem Menschenverstand und allgemeinem Einverständnis kein normativer Streit entstehen kann. Es kommt also darauf an, die Schwelle zu erkennen, oberhalb derer unterschiedliche ontologische Entscheidungen nicht nur logisch möglich, sondern praktisch denkbar sind. Nur über das lohnt zu streiten, nur das zu problematisieren.

Was Normativität unterhalb dieser Schwelle liegt, bleibt im Hintergrund erhalten als relativierende Einsicht, daß unsere „Tatsachen" in Wahrheit hochkomplexe Theorien sind. Diese Einsicht ist eine Art von Luhmannschem „Verweisungshorizont" reduzierter und doch erhaltener Komplexität[4].

Der Haupteinwand hiergegen ist von der „verstehenden Soziologie" zu erwarten. Danach ist intentionales menschliches Handeln mit Naturtatsachen unvergleichbar, weil es nicht durch Ursachenketten, sondern durch die Sinngebung des Handelnden und seiner Interaktionspartner zu dem wird, was es ist.

Um diesem Einwand zu begegnen, braucht man nicht jene ontologische Position zu beziehen, die den prinzipiellen Unterschied zwischen „Verstehen" und „Erklären" leugnet[5]. Nicht für *jeden* Zweck, wohl aber für unseren augenblicklichen, darf intentionales Handeln mit Naturtatsachen gemeinsam als „Ansichseiendes" behandelt werden. Es geht nämlich nur darum, eine Grundlage zu finden, auf der Werturteile zwingend begründet werden können.

---

[3] Der Jurist weiß, daß nach der „naturwissenschaftlichen Kausalitätslehre" ein Ereignis durch alles verursacht ist, was nicht hinweggedacht werden kann, ohne daß der Erfolg entfiele (Conditio-sine-qua-non-Theorie, vgl. Schönke-Schröder [1972], Anm. 57, 62, 69 vor § 1). Hätte Brutus' Großvater nicht den Vater gezeugt, so wäre Caesar nicht getötet worden. Also hat Brutus' Großvater Caesars Tod ebenso verursacht wie Brutus. Den Tod verursacht, ja — aber eben nicht „getötet" im juristisch-normativen Sinne. Der Jurist grenzt unter den unendlich vielen Gliedern der Ursachenkette den Beitrag des Brutus normativ ab, indem er nach Rechtswidrigkeit und Schuld fragt. (Es ist im Hinblick auf das Rechtsgut „Caesars Leben" nicht rechtswidrig, den Vater des Brutus zu zeugen, wohl aber, dem Caesar einen Dolch in den Rücken zu stoßen.)

[4] Luhmann (1971) S. 37.

[5] z. B. Albert (1969, 1).

„Zwingend" bedeutet: die Zustimmung aller erzwingend. Gerade deshalb ist für diesen Zweck eine Konsensustheorie der Wahrheit brauchbar⁶. Ließe sich Mannheims Werturteil zwingend von solchen Elementar-Tatsachen wie Caesars Tötung ableiten, so hätte Mannheim die gesuchte wissenschaftliche Wertableitung gefunden. Es störte nicht, daß eine Differenz zwischen Naturtatsachen und intentionalem Handeln bleibt, solange beides ganz eindeutig Kontroll- und Bewährungsfunktion für Werturteile ausüben könnte.

Würden wir diese Gemeinsamkeit beider Tatsachen-Arten leugnen und ontologisch-puristisch schon hier jede „ansichseiende" Grundlage der Geschichtsschreibung ablehnen, so ginge der common sense über unser Argument zur Tagesordnung über. Denn über den ontologischen Status von Caesars Tötung macht er sich zu Recht keine Skrupel. Wir würden also überhaupt nicht bis in die eigentliche Problemzone, die normativ-kontroverse, vordringen. Dort nämlich entkommt uns der common sense nicht mehr so leicht mit seiner Verachtung für philosophische Spinnereien.

2. Choses sociales

Wir behandeln als „ansichseiend" also zweierlei: Außenweltliche Gegebenheiten wie die Existenz von Steinen oder Röntgenstrahlen und unstreitige Tatbestände wie die Tötungshandlung des Brutus.

Derart eindeutig „an sich" stehen aber nur relativ simple Fakten auf niederer Sinnstufe. Schon geschichtliche Gebilde wie der „Feudalismus", die „Renaissance" oder auch nur „die Agrarpolitik Brünings" sind komplexe Sinnschöpfungen — zum Teil des Historikers, zum Teil schon der geschichtlichen Menschen selbst, mit deren Sinnhorizont der Historiker den seinen hermeneutisch zu verschmelzen sucht.

Von Sinnschöpfungen sprechen heißt nicht, derartige Gebilde der Beliebigkeit auszuliefern. Sinnschöpfungen stehen mit Dingen an sich in Zusammenhang und können — begrenzt — an ihnen überprüft werden. Es klafft kein brückenloser Graben zwischen einem „Ansich" wie Caesars Todesursache und einer hochsynthetischen Sinnschöpfung wie dem Begriff der Renaissance. Zwischen beiden liegen unzählige Objektivationen menschlichen Denkens: verselbständigte Sinnschöpfungen.

---

[6] Vgl. Habermas (1971) S. 126. Er wendet seine Konsensustheorie der Wahrheit ebenso auf naturwissenschaftliche Beobachtung an wie auf intentional-sprachliche Befragung. Obwohl er sicher nicht Alberts Ablehnung der verstehenden Soziologie teilt, hält er die „Überprüfung empirischer Behauptungen" naturwissenschaftlicher und internationaler Art auf „nicht-konventionellen Wegen" für möglich, über die „eine Kontroverse sinnvollerweise nicht entstehen wird."

Nehmen wir „Sozialprestige" als Beispiel. Es „gibt" dies nicht einfach so, wie es den Dolch gab, an dem Caesar starb, oder den Stein, über den ich gestern gestolpert bin. Es hat die Daseinsweise des „fait social", den wir mit Durkheim als „chose" bezeichnen müssen[7]. Ein solches Ding ist anderer Herkunft als der Stein, aber stolpern kann man über beide. Das soziale Ding wirkt ähnlich objektiv wie das physische. Subjektiv gemeinter Sinn ist in ihm vergegenständlicht, zu objektiver Faktizität geworden[8].

Dennoch existiert das soziale Ding nicht in der Außenwelt, menschenunabhängig wie der Stein, sondern in einer hermeneutischen Dimension, nämlich in den Köpfen der Menschen. Deshalb ist es, anders als der Stein, kontingent: Es könnte auch anders sein. Der indianische Zauberer Don Juan[9] stolpert über denselben Stein wie ich, aber Sozialprestige ist für ihn nicht dasselbe. Vielleicht existiert es für ihn gar nicht. Oder, wenn es doch etwas empirisch Ähnliches gibt, dann ist es vielleicht Element einer gänzlich anderen Sinnwelt, die mit unserem hierarchischen Gesellschaftsbild nichts gemein hat. Die Sinnschöpfung „Sozialprestige" mag dafür verkehrter sein als die Bezeichnung „Dämonenaustreibung" für unsere Psychoanalyse[10].

3. Das reine Füruns

Der Gegenpol des reinen Ansich ist das bloße „Füruns". Erfinden wir ein Beispiel: Ein rosenkreuzlerischer Historiker gibt dem Begriff „Renaissance" einen neuen Inhalt. Es handelt sich „für ihn" um den Inbegriff des Wirkens von Caesar, Bonifatius, Guy Fawkes und Grete Weiser, die seiner Ansicht nach allesamt Reinkarnationen von Ramses dem Zweiten sind. — Das wäre eine rein privatistische Sinnschöpfung (vorläufig, bis sie von anderen übernommen ist). Sie liegt aber, was ihre „Ansich"-Qualität angeht, von dem sozialen Ding „Sozialprestige" nicht weiter entfernt als dieses vom Stein, über den ich gestern gestolpert bin.

---

[7] Durkheim (1919) S. 20.
[8] Berger-Luckmann (1969) S. 20.
[9] Vgl. Castaneda (1970): Der Autor beschreibt die andersartige Realität dieses mexikanischen Indianers, die zur Realität des beobachtenden westlichen Wissenschaftlers nicht in dem einfachen Verhältnis wie Aberglaube zu Wirklichkeit steht, sondern wie eine mögliche Konstruktion der Wirklichkeit zu einer gänzlich anderen, die ebenfalls möglich ist und „funktioniert".
[10] Berger-Luckmann (1969) S. 189 gehen so weit zu behaupten: „Weder Voudou-Götter noch Neurose können in einer Welt bestehen, die nicht von den ihnen entsprechenden gesellschaftlichen Zusammenhängen bestimmt wird ... In Haiti *ist* man von Dämonen besessen, in New York *ist* man neurotisch." Die ontologische Plattform eines Dämons wäre damit nicht schlechter als die eines wissenschaftlichen Konstrukts.

56 2. Teil: Der Ort des Werturteils in der Wissenssoziologie

Nahe dem „Für-uns"-Pol liegen aber nicht nur solche privatistischen Gebilde, sondern Wertbegriffe überhaupt: Freiheit, Glück, Gerechtigkeit, Menschenwürde. Diese Begriffe sind zwar noch eingespielter als „Sozialprestige", ihr Inhalt ist aber alles andere als festgelegt. Eher sind diese Begriffe Leerformeln für durchaus unterschiedliche Entscheidungen[11].

Daß Tatsachenerkenntnis und Wertentscheidung nicht nur untrennbar zusammenhängen, sondern ineinsgehen, zeigt besonders plausibel der englische Sprachphilosoph J. L. Austin. Nach seiner Theorie der „performativen Äußerungen"[12] sind „Aussagen nicht nur als Sätze zu betrachten, die Wirkliches wahr oder falsch wiedergeben, sondern umfassender als Handlungsvollzüge, die darüber hinaus Rücksicht auf den Redenden, die Situation, den verfolgten Zweck, ... die Zuhörer, geltende Bedingungen, angelegte Maßstäbe etc. nötig machen"[13]. Austin bestreitet den prinzipiellen Unterschied zwischen der Aussage „das ist wahr (oder falsch)" und „das ist gut (oder schlecht)". Die Aussage „Frankreich ist sechseckig" — ist sie wahr oder falsch? Sie ist wahr in bestimmten Zusammenhängen und für einen bestimmten Zweck; ausreichend für den „Mann auf der Straße", nicht aber den Geographen.

Es geht also nicht nur beim Guten, sondern auch beim Wahren um das, was *angemessen* ist — in einer bestimmten Situation, für einen bestimmten Zweck. „Unter dem Titel ‚Wahrheit' verbirgt sich keine einfache Qualität und auch keine Relation, überhaupt nicht *eine* Sache, sondern vielmehr eine ganze Dimension der Kritik ... Wenn wir uns nicht mit der Beschränkung auf Aussagen von einer idiotischen oder idealen Einfachheit zufriedengeben, dann wird es nie gelingen, das Wahre einerseits und dann das Gerechte, Angemessene, Verdiente, Genaue, Übertriebene usw. auseinanderzuhalten[14]."

Mit Recht spricht Feigl sowohl beim Erkennen wie beim Werten von notwendigen „Persuasiv-Definitionen" der Schlüsselbegriffe: Was „gültig", „wahrscheinlich", „rational" ist, hängt prinzipiell ebenso von wertender Überzeugung ab wie die Frage, was „moralisch richtig" ist[15].

Halten wir fest: Der Übergang vom reinen Ansich über die chose sociale bis zum reinen Füruns ist fließend, ist ein Kontinuum[16].

---

[11] Vgl. dazu näher unten V. 1 b.
[12] Austin (1968).
[13] Bubner (1968) S. 25.
[14] Austin (1968) S. 152 f.
[15] Feigl (1971) S. 433.
[16] Apel (1970) S. 139 konstatiert ein sehr ähnliches Kontinuum von Begriffen mit wachsendem gesellschaftspraktischem Vorverständnis. Frei davon seien nur naturwissenschaftliche operationale Begriffe (anderer Ansicht:

4. Das Kontinuum

Das „Ansich" der Geschichte ist hier sicherlich übermäßig dürftig dargestellt. Es weitet sich sofort aus, sobald vorgängige strukturelle Relevanzentscheidungen getroffen sind. Entscheidet man, daß als historisch bedeutsam gelten soll, wer besonders viele objektive Kausalitäten für die Veränderung staatlicher Strukturen gesetzt hat, so ist Caesar „natürlich" bedeutsamer als der genannte Plebejer oder gar die römische Katze. Diese vorgängige Relevanzentscheidung ist auch nicht völlig beliebig, sondern innerhalb unseres hermeneutischen Horizontes wohl unvermeidlich, so daß sie als eine soziale Tatsache gelten kann. Vielleicht ist sie mit der Definition von Geschichte (Sinnschöpfung!) gegeben[17].

Damit haben wir eine Fülle von historischem Ansich in den Griff bekommen, denn jetzt können wir in einem bestimmten Bereich einigermaßen objektiv erforschen, wer welche Ursachen gesetzt hat. Wir dürfen aber nicht vergessen, daß der gewählte Bezugspunkt „Staat" wiederum eine Sinnschöpfung ist, die objektive Phänomene und Sinnstrukturen unter einem Relevanzgesichtspunkt zusammenfaßt.

Wir wollen jetzt die Geschichtsschreibung verlassen und mit Scheler das Ansich als Denkinhalt allgemeiner fassen. Wissenschaften sind in unterschiedlichem Maße „kulturseelenhaft" geprägt: Philosophie und Metaphysik sicher mehr als Biologie und Physik[18]. Es ist ein Unterschied, ob ich von der Renaissance spreche oder vom freien Fall des Steins. Obwohl das Wort „Stein" einer hermeneutischen und die Messung des freien Falls einer paradigmatischen Dimension angehören[19], dürfen wir mit Scheler sagen: Von Naturwissenschaft ist, mehr als von Geisteswissenschaft, „,Wahres' als Resultat ablösbar von den besonderen Schauformen auf die Gegenstandswelten, ... von den nationalen und kulturhistorisch bedingten ‚Methoden und Denkformen'"[20]. Wiederum ist der Übergang vom reinen Ansich bis zur reinen Sinnschöpfung ein Kontinuum.

Kuhn, s. o.). Gesellschaftlich-geschichtliches Vorverständnis sei zwar in Begriffen wie „Sozialprestige" und „Aggressivität" schon gegeben, aber noch so wenig, daß man sie ähnlich behandeln könne wie die naturwissenschaftlichen (analog unserer chose sociale). Dagegen könnten Begriffe wie „Freiheit, Gerechtigkeit, Glück" nur durch ein Engagement (sprich Wertentscheidung) der Interpretationsgemeinschaft mit Sinn gefüllt werden.

[17] Wir tun gut daran, uns zu erinnern, daß sich jüngst das Verständnis des Geschichtsbegriffs verschoben hat: Noch vor kurzem dachte man vorwiegend an die Daten der Könige und ihrer Schlachten. Mit dem Begriff „Sozialgeschichte" hätte man wenig anfangen können. Ähnliches wurde natürlich betrieben, aber mit ganz anderem Stellenwert.

[18] Scheler (1970) S. 239.

[19] Vgl. oben, Erster Teil, II. 1.

[20] Scheler a. a. O.

IV. Ort der Soziologie zwischen Ansich und Werturteil

Das Ansich ist in unterschiedlichem Maße als Wertkriterium einer Wissenschaft geeignet. Eine naturwissenschaftliche Theorie, die nur stimmig ist, wenn die Steine bergauf fallen und die Sonne sich um die Erde dreht, scheitert an einem beobachtbaren Ansich. Das kann auch einer Sozialtheorie geschehen, soweit sie sich auf eine naturwissenschaftliche Prognose festlegt. An welchen harten Fakten sollte aber eine Privatkonstruktion wie Hegels Geschichtsphilosophie scheitern?[1] Sie begegnet dem Ansich so wenig wie der Walfisch dem Tiger.

Sozialtheorie, deren Wertung wir verankern wollen, steht einem Hegelschen Schöpfungsakt näher als der Naturwissenschaft. Wir haben schon festgestellt[2], daß ein außenweltliches Ansich für Soziologie, im Gegensatz zu Naturwissenschaft, nur sehr wenig Bewährungs- und Kontrollfunktion hat. Wesensbestimmende Leistung der Soziologie ist das handlungsanleitende Deutungsschema. Dieser Leistung kann ein Ansich kaum gefährlich werden. Deshalb eignet es sich nur begrenzt als Wertungskriterium.

Der „Gegenstand selbst" ist bei Mannheim aber sehr viel weiter als das dürftige, von uns bisher betrachtete „Ansich". Die Ebene, auf der Mannheim Sein mit Bewußtsein verknüpft, ist objektiv, nicht ideologisch gemeint. Wenn er sagt: „Dem sozialen Standort X entspricht der Denkstil Y", so soll diese Aussage selbst nicht standortgebunden sein, nicht bloß relativ gültig. Vielmehr erkennt sie einen objektiven Zusammenhang. Dieser entspricht prinzipiell der Kausalitätsbeziehung in der Aussage „Der Dolch des Brutus verursachte Caesars Tod". Deshalb verspricht Mannheim eine „neue Objektivität"[3] dadurch, daß er Ideen als Funktion der Seinslage interpretiert[4].

Daß objektive Zusammenhänge auch auf der Sinnebene herrschen, daß Sinnelemente nicht beliebig, sondern in notwendiger Verknüpfung untereinander und mit anderen (z. B. technischen und wirtschaftlichen) Elementen auftreten, ist ohne weiteres einsichtig[5]. Beispiel: Die schola-

---

[1] Vgl. oben, Erster Teil, III. 2 am Ende.

[2] Ebd.

[3] Mannheim (1965) S. 42. Diese relativ große Objektivität entsteht dadurch, daß der Wissenssoziologe seine Standortgebundenheit teilweise überwindet, indem er mehrere Standorte überblickt und so „Selbstkritik und Selbstkontrolle" übt. Ähnlich Gouldners „Objektivität" durch Offenheit für „feindliche Information", vgl. oben I (8).

[4] Mannheim (1965) S. 54.

[5] „Objektiver Zusammenhang" ist hier gemeint als Oberbegriff für die Alternativen „einseitige Verursachung" und „Wechselwirkung". Es geht hier nicht um deren Unterscheidung, sondern um ihr Gemeinsames: Eine nicht zufällige, sondern strukturell bedingte Verknüpfung von zwei Phänomenen.

stische Philosophie konnte unmöglich im Frühkapitalismus entstehen, die Sinnschöpfung „Wohlfahrtsstaat" ebensowenig. Zwar sind „Frühkapitalismus", „Wohlfahrtsstaat" und „scholastische Philosophie" Sinnschöpfungen der Zeitgenossen oder Historiker, die auf Relevanzentscheidungen beruhen. Sind die Sinngebilde aber einmal konstruiert, so läßt sich zwischen ihnen ein „ansichseiender" Zusammenhang ausmachen.

1. Mannheims Ausrede der Unzuständigkeit

Mannheim verwurzelt Sinnstrukturen im „Sein". Für die Erkenntnis dieses Seins erklärt er die Wissenssoziologie für unzuständig[6]. Sie soll lediglich die Beziehungen zwischen einem Denkstil und einer bereits definierten Seinslage herstellen.

So leicht können wir Wissenssoziologie nicht aus ihrer Verantwortung für Seinserkenntnis entlassen[7]. Denn wenn sie einen Denkstil interpretiert und ihn auf eine bestimmte Seinslage bezieht, so definiert sie ja auch diese. Sie kann ihren Begriff von „Seinslage" nicht umstandslos von einer anderen Wissenschaftsdisziplin entleihen. Man kann, so sagt Mannheim selbst, Denkstile nicht ohne weiteres auf Klassen im Sinne des Historischen Materialismus beziehen. Man muß selbständig die Deckung eines Denkstils mit einer „Sozialen Einheit" untersuchen. Dabei stößt man etwa auf eine Generation, einen Lebenskreis, eine Sekte oder eine Schule als Seinslage[8]. Es ist mithin unmöglich, die Verwurzelung von Denken in Sein nachzuweisen, wenn Sein nicht irgendwie objektiv erkennbar ist.

Die Aussage über eine Seinslage ist ja selbst Denkprodukt. Der wesentliche, der stilbindende Inhalt von Denken ist es, Aussagen über Sein zu machen und die Lebenskreise abzustecken, deren Seinslage als „im wesentlichen" gleich empfunden wird. Unter diesem Relevanzgesichtspunkt entstehen die von Mannheim genannten „sozialen Einheiten".

Wissenssoziologie ist also nicht nur für den Überbau, sondern auch für die Basis zuständig. Was die Basis[9], das Sein, das Leben, das Vitale[10]

---
[6] Vgl. oben II. 2.

[7] Bei Gouldner waren wir in derselben Sache nicht so streng (vgl. oben, Erster Teil, IV am Ende), sondern hielten Wissenssoziologie als reflexive Zusatzmethode für gerechtfertigt. Gouldner beansprucht aber nur die Beziehung zwischen einer bereits definierten Seinslage und einem Denkstil wissenssoziologisch zu präzisieren. Mannheim dagegen behauptet, Werturteile gerade als Wissenssoziologie begründen zu können. Ist es schon bei Gouldner fraglich, ob er sich wirklich mit einer „Zusatzmethode" bescheiden will, so ist es bei Mannheim ganz ausgeschlossen.

[8] Mannheim (1965) S. 237.

[9] Basis hier nicht im Sinne der Gouldnerschen, sondern der materiellen Basis dieser hermeneutisch-emotionalen Basis, vgl. oben, Erster Teil, IV am Ende.

für Mannheim ist, und ob es gleichzusetzen ist mit der „Sozialstruktur als Ganzheit", aus der „Denkweisen hervorgegangen sind", all das bleibt dunkel. Der Zusammenhang von Denken und Sein ist für Wissenssoziologie unzugänglich, solange man das Denken in den Überbau abschiebt und die Basis als selbständige naturwüchsige oder technische Sphäre ansieht.

Das Reden von der „ökonomischen Basis" von Ideologie hilft nicht weiter. Denn in Ökonomie sind nicht nur Naturstoff und vergegenständlichte Technik enthalten, sondern auch ideologische Formen des Denkens und Handelns. Ebenso wie Rohstoff und Maschine gehören zur Ökonomie auch die Arbeitsorganisation, die Interaktion der Arbeitenden bis hin zum Machtverhältnis, schließlich der gesamte „Denkstil" einer spezifischen „Produktionswollung", wie Mannheim vielleicht sagen würde. Die Abtrennung der „Interaktion" von „Arbeit" bei Habermas[11] ist allenfalls als analytische Akzentuierung durchführbar.

Der Zusammenhang Basis/Überbau (bei Mannheim: Sein/Denkstil) wird klarer, versteht man ihn als dauernde Wechselwirkung zwischen menschlicher Tätigkeit und der Welt, die durch eben diese Tätigkeit hervorgebracht ist[12]. Denken findet sich nicht nur im Überbau, sondern auch in der Basis: Als Denken, das sich zu choses sociales vergegenständlicht, das die Strukturen der sozial konstruierten Seinslage mitgeschaffen hat.

Die Seinslage ist damit nicht als reines (vergegenständlichtes) Denken und Handeln ausgegeben. Denn Denken schafft nicht aus dem Nichts, sondern bearbeitet einen ansichseienden Weltstoff. Dieser verhält sich zum Handeln wie der Steinbruch zum architektonischen Plan im fertigen Turm[13].

Insofern stimmt es nicht, wenn Neusüß[14] meint, für die „objektive Erkenntnis empirischer Sachverhalte" sei der „ganze wissenssoziologische Aufwand entbehrlich." Eine „Seinslage" als Zurechnungssubjekt eines Denkstils — Schule, Kaste, Sekte, Interessenverband, auch eine Klasse — konstituiert sich nicht ausschließlich durch objektive Merkmale, sondern *auch* durch ihr (Zusammen-)Denken und das Denken der anderen über sie.

Daher müssen wir unsere Feststellung[15], Wissenssoziologie sei eine Zusatzmethode der objektivistischen Theorie, erheblich modifizieren:

---

[10] Mannheim (1965) S. 88.
[11] Habermas (1968) S. 62 ff.
[12] Berger-Luckmann (1969) S. 6.
[13] Vgl. oben III. 1.
[14] Neusüß (1968) S. 26.
[15] Oben, Erster Teil, IV am Ende.

IV. Ort der Soziologie zwischen Ansicht und Werturteil

Sie ist ein *notwendiger* Zusatz. Durch sie erst werden die objektiven „materiellen Grundlagen" der Denkstile verfeinert wahrnehm- und abgrenzbar.

Das bedeutet: Ohne implizite, also unreflektierte, Wissenssoziologie kommt auch der objektivistische Ökonomismus nicht aus[16].

Die Erkenntnis der Seinslage und ihres Zusamenhangs mit einem Denkstil ist nur im hermeneutischen Zirkel möglich[17]. Mannheim geht mit erstaunlicher Selbstverständlichkeit davon aus, daß man über „Seinslagen" Richtiges aussagen kann. Damit nimmt er seinen totalallgemeinen Ideologiebegriff zum Teil zurück. Denn die Definition einer Seinslage ist für ihn zumindest in geringerem Maße ideologisch als ein Denkstil, anscheinend sogar ideologiefrei.

Seinslage, Erkenntnis der Seinslage und Denkstil sind aus demselben Stoff, jedenfalls teilweise. Eine Seinslage ist nur in einem Denkstil erfaßbar. In einem solchen ist also nicht nur der Interessenvertreter einer Klasse oder Sekte befangen, sondern auch der „freischwebende" Intellektuelle[18], Mannheims Mini-Weltgeist[19]. Dessen Denken ist nach Mannheims Beschreibung allenfalls weniger provinziell, weil er nicht nur einen, sondern mehrere Denkstandorte übersieht.

---

[16] Existenzphilosophisch gesagt: „(Das philosophische) Denken ist der Scheinwerfer, der nicht nur meint, worauf das Licht fällt, sondern zugleich dieses Licht selbst, das im Zurückwerfen von der Möglichkeit der Existenz Kunde gibt" (Jaspers [1956] S. 27).
Natürlich ist der notwendige wissenssoziologische Bestandteil objektivistischer Theorie nicht notwendig identisch mit unserer speziellen „reflexiven Soziologie" und ihrer relativistischen Erkenntnistheorie, vgl. oben, Einleitung, Fn. 2. Mit einer Abbildtheorie der Wahrheit kann man auch Wissenssoziologie bequem objektivistisch betreiben, kann sich also waschen, ohne den Pelz naß zu machen.

[17] Das läßt Mannheim auch anklingen. Die unumgängliche „metaphysischontologische Entscheidung", die den Wissenssoziologen leitet, ist nicht jene von Mannheim kritisierte Verabsolutierung eines Denkstandorts, die den „Wirklichkeitshorizont verhängt". Sondern: „Das *ist* unser Horizont, und keine Ideologiedestruktion auflösen kann." Wer von irgendeinem Denken (also auch einem wissenssoziologischen) ein „völlig wert-, entscheidungs-, ontologie- und metaphysikfreies" Denken erwartet, der unterliegt den „Vorurteilen einer vergangenen positivistischen Epoche" (Mannheim a. a. O., S. 78 f.). Ausdrücklich bezieht Mannheim diese hermeneutische Reflexion auf die „latente Motivation", die Weltwollung oder politische Absicht des Wissenssoziologen. Sie trifft aber notwendig auch auf seine Seinsdefinition zu. Allerdings legt das lapidare Reden von „Seinslagen" in der Außenwelt den objektivistischen Irrtum nahe, man finde sie so vor wie Steine.

[18] Mannheim (1965) S. 135 (Ausdruck von Alfred Weber).

[19] Nichtbeamtete Intellektuelle stehen nach Mannheim über den Klassen und können daher die „Ganzheit" besser erkennen als der einzelne Denkstil. Sie haben eine höhere Chance zu relativer Wahrheit. Nun nimmt Mannheim die Klassen aber gerade nicht als (alleinige) Bezugssubjekte der Denkstile. Warum Intellektuelle frei über Mannheims anderen „sozialen Einheiten" wie Schulen oder Sekten schweben sollten, ist nicht einzusehen.

Die Seinsdefinition mag den Denkstil an Objektivität nur insofern übertreffen, als sie etwas mehr Ansich, etwas mehr choses sociales, etwas mehr fertig konstruierte soziale Realität enthält. Sie bezieht sich mehr auf vollzogenes Handeln, der Denkstil mehr auf künftiges. Vollzogenes Handeln ist historisch einer größeren Objektivierung fähig als die auf künftiges Handeln gerichtete Wertentscheidung.

Kehren wir zur Ausgangsfrage zurück: Wie läßt sich das Werturteil, ein Denkstil sei zeitgemäß, im „Gegenstand selbst" verankern? Eben nur so, daß ein Werturteil den Maßstab für das andere abgibt. Zukünftiges Handeln wird an vollzogenem, genauer: an einer Meinung, bestenfalls einem Konsens über vollzogenes Handeln gemessen. Selbst wenn ein Konsens über Seinslagen existiert, ist dadurch für die Zukunft nicht ein einziges Handeln, eine einzige Wertentscheidung zwingend abzuleiten. Der „Gegenstand selbst" enthebt also nicht einer Dezision.

2. Das „Ekstatische" als regulatives Prinzip

Damit sind wir unversehens bei Mannheims zweitem Wertkriterium angelangt, dem „Ekstatischen". Als „Einheit und Sinn" der Geschichte ist es diejenige Wertentscheidung des Geschichtsbetrachters, auf die er seine Teleologie bezieht. Mit ihrer Hilfe macht er den Geschichtsprozeß als Einheit wahrnehmbar. Wir tun gut daran, uns mit Kant zu erinnern, daß eine solche Teleologie nur Erkenntnis- und Deutungshilfe ist, nicht aber ein Existenzbeweis des bei der Teleologie benutzten regulativen Prinzips.

Die „zweckmäßige Einheit" ist „Bedingung der Anwendung von Vernunft auf Natur"[20]. Für Kant sind die regulativen, Einheit und Sinn stiftenden Prinzipien: Freiheit, Unsterblichkeit, Gott. Uns Späteren fällt es leicht, diese besonderen Prinzipien als moralische Wertentscheidungen eines bestimmten historischen Vorverständnisses zu erkennen. Schwerer fällt es uns, die eigenen regulativen Prinzipien als Metaphysik zu sehen, statt sie als Strukturen einer Gegenstandswelt auszugeben.

Kant wußte: Seine zur Erkenntnis unabdingbare teleologische Überzeugung war „nicht eine logische, sondern *moralische* Gewißheit"[21]. Das bedeutet: Erkennen und Werten sind siamesisch verschwistert. Das Ekstatische steht als reine Wertentscheidung am Ende jenes Kontinuums, das beim Ansich beginnt und das „den Gegenstand selbst" für die Erkenntnis konstituiert[22].

---

[20] Kant (1969) S. 213.
[21] Ebd. S. 215.
[22] Noch einmal: Die Welt wird dadurch nicht zur Produktion der Erkenntnis im Sinne Schellings, weder für Kant noch für meine Applikation. „Das

IV. Ort der Soziologie zwischen Ansicht und Werturteil

Damit ist der Pferdefuß unseres Unternehmens für denjenigen enthüllt, der Wissenschaft als Abbild oder Schöpferin einer unteilbaren Wahrheit, Dezision dagegen als Willkür versteht. Hat man jedoch die unentwirrbare Verstrickung von Ansich, sozialem Ding und Wertung in der sozial konstruierten Realität erkannt, so erweist sich die scharfe Grenze zwischen Wissenschaft und Dezision als optische Täuschung.

Wissenschaft ist nicht das, was man „beweisen kann", Dezision nicht der Rest. Diese auch bei Dialektikern spukende Idee, die dem Horror gegen Dezisionismus Nahrung gibt, ist gerade ein Produkt des Weberschen Dezisionismus.

Max Weber nennt Fragen, die „von praktischen Wertungen abhängig" sind, „unaustragbar" und damit „wissenschaftlich nicht diskutierbar". Weber bemüht sich, der Wissenschaft die Dignität unteilbarer Wahrheit, unbezweifelbarer Methode und ungefährdeter Sicherheit zu erhalten, indem er nur begrenzte Aussagen über Zweck-Mittel-Relationen als eigentlich wissenschaftlich gelten läßt. Damit verweist er, dem Eindeutigkeitsfetisch zuliebe, Wissenschaft in einen kläglichen Winkel, wo sie unter der Fremdherrschaft der Dezision eine Schrumpfexistenz fristen muß. Weber sieht nämlich durchaus, daß das Wesentliche an Wissenschaft, ihre Themen und Ziele, wertbestimmt sind. Indem er Wissenschaft, ihrer Reinheit zuliebe, von der eigenen Wertbestimmung völlig abtrennt, köpft er Wissenschaft und macht er Dezision zur Willkür.

In Wahrheit *ist* Wissenschaft Wertbestimmung. Werturteil in verschiedenen Aggregatzuständen: objektiviert im sozialen Ding, relativ verfügbar in der Anleitung zu künftigem Handeln. Aber selbst in der Wahrnehmung des Ansich wirkt Wertung, wie wir gesehen haben[23]. Die wahrnehmende Typisierung ist allemal schon normbestimmt[24]. Deshalb kann es Weber nicht einmal gelingen, seinen kläglichen Winkel „reiner" Wissenschaft von Wertung gänzlich frei zu halten. Der Winkel ist allenfalls besenrein, und die Wertungsflocken nisten in allen Fußbodenritzen[25].

,Gegebene' ist für Kant ein Ausdruck der unbestreitbaren Tatsache, daß uns ohne unser Zutun . . . eine Welt von Geschehnissen gegenübersteht, die sich um die Frage, ob wir sie denkend erkennen, ganz und gar nicht kümmert." So Schmidt (1968) S. 506.

[23] Vgl. Kuhn (1967) S. 149 und oben, Erster Teil, II. 1.

[24] Dreitzel (1972) sieht soziale Normen und Typisierungsschemata der Wahrnehmung nicht als Gegensatz, sondern als Kontinuum, graduell differenziert nach Sanktionsstärke, Formalität und Reflexivität der Normen.

[25] Albert (1969, 2) S. 1279 f. trennt drei Ebenen der Werturteilsfrage: (1) Wertbasis der Sozialwissenschaft (ihren Aussagen liegen unvermeidlich Wertungen zugrunde, z. B. die wertbestimmte Themenwahl); (2) Wertungen im Objektbereich (Sozialwissenschaft kann und muß natürlich Werturteile als

Damit setzen wir uns dem Vorwurf eines Argumentationstricks aus. Denn oben[26] haben wir für die Geschichtsbetrachtung gerade auf hermeneutischen Purismus verzichtet. Wir haben den Begriff der „Tatsache an sich" auf der Ebene des common sense im Sinne einer Konsensustheorie der Wahrheit zugelassen. Und jetzt wechseln wir die Ebene wieder, steigen ein Stockwerk tiefer, um Weber nachzuweisen, daß er doch in der luftigen Höhe der Werturteile schwebt, wenn er meint, auf dem Granitboden der Tatsachen zu stehen. Sollte für Weber nicht billig sein, was uns eben noch recht war?

Wir wollen den Unterschied zwischen Webers „Tatsachen" und „Werturteilen" keineswegs leugnen, verwischen oder für irrelevant erklären. Es ist für jedes klare Denken und erst recht für das wissenschaftliche dringend erforderlich, sich Rechenschaft zu geben über den Unterschied zwischen protokollähnlichen Tatsachenaussagen auf dem Boden allgemeinen Konsenses auf der einen Seite und relativ verfügbaren Werturteilen auf der anderen[27]. Soweit Weber dies zur „intellektuellen Rechtschaffenheit" des Wissenschaftlers erklärt[28], kann man ihm nicht nachdrücklich genug beipflichten. Soweit Weber aber den graduellen Unterschied zum prinzipiellen erklärt, begeht er selbst den Fehler, etwas als reinen Fakt auszugeben, was wertbestimmt ist. Damit verdunkelt er den nur relativen Tatsachencharakter z. B. der „choses sociales", der auf wandelbarem Konsens beruht.

Es gibt eben nicht die von Weber ausgegrenzte Sphäre „rein logisch(er)" Schlüsse und „rein empirische(r) Tatsachenfeststellung", wo jede Wertung „fremd" ist[29].

Webers Vergleich des Soziologen mit dem Arzt, dessen Technik von der Frage nach dem „Wert" der Lebensverlängerung gänzlich unabhängig sei[30], verfängt nicht, verrät aber: Weber sieht die soziologische Methode als rein instrumentelles, technisches Wissen. Heute würde man solch puren Technizismus selbst beim Arzt ablehnen. Sicher gibt es rein technische ärztliche Einzelfertigkeiten, die ohne notwendigen anthropologischen und sozialen Bezug sind. Was aber „Gesundheit" ist, zu der

---

Themen behandeln); (3) Werturteilsproblem im engeren Sinne (Aussagen müssen nicht selbst den Charakter von Werturteilen haben). — Das handlungsanleitende Element, der Zweck des ganzen Unternehmens Wissenschaft, der die erste Ebene bestimmt, setzt sich aber graduell differenziert bis zur dritten durch und kann und soll auf ihr nicht verleugnet werden. Jedoch kann Alberts Differenzierung analytisch gute Dienste leisten.

[26] III. 1.
[27] Vgl. oben, Erster Teil, V. 2 b, Fn. 30.
[28] Weber (1968) S. 491.
[29] Weber (1968, 1) S. 490 f.
[30] Weber (1968, 1) S. 496.

die Einzelfertigkeiten führen sollen, läßt sich nicht rein technisch erörtern. Die Gesundheit der Gesellschaft erst recht nicht.

Außerdem und vor allem: Für die Ausgrenzung der technischen Sphäre zahlt Weber einen ruinösen Preis — die Abtrennung der Wissenschaft von ihrer „Wertbasis" (Albert) und ihren Zielen. Ehe sie sich mit solchen „unwissenschaftlichen", sprich unanständigen, Dingen befaßt, verschließt Webers Wissenschaft lieber die Augen vor dem, was mit ihr geschieht[31]. Deshalb läßt sie auch alles mit sich machen, denn eigene Wege findet sie nicht ohne einen unkeuschen Blick auf die nackten Werturteile, die mit ihr spielen. Just aus neurotischer Angst um ihre Jungfräulichkeit wird Wissenschaft so zur Hure.

3. Der moralische Diskurs als topisches Verfahren

Wissenschaft muß sich also auch um die eigene Wertbestimmung kümmern, ohne die graduelle Unterscheidung zwischen Zweck-Mittel-Relation und Zweckbestimmung aufzugeben.

Nimmt man Wertbestimmung in Wissenschaft hinein, so entzieht man die Dezision der privaten Willkür. Sicher ist die Wertentscheidung nie allein Produkt irgendeiner Wissenschaftslogik. Das hat Gouldner überzeugend dargelegt. Aber die aus der emotionalen Basis von Wissenschaft herrührende Wertentscheidung kann in einem wissenschaftlichen Prozeß reflektiert werden.

Das Verfahren, in dem die Wertentscheidung gesucht oder gerechtfertigt wird, als abstrakte Norm oder im Einzelfall, läßt sich als *moralischer Diskurs* begreifen. Die relevanten Argumente diskutiere ich mit einem Partner oder auch allein, im inneren Dialog meiner Theorie.

---

[31] Diese Erörterung war rein erkenntnistheoretisch-immanent. Die äußerst wichtige wissenssoziologische Frage, welchen politischen Interessen die „Wertfreiheit" dient, und die weitere Frage, ob Weber nach seiner eigenen Wissenschaftstheorie auch tatsächlich verfährt, stand hier nicht zur Debatte. Zwischen den Himmeln der Wissenschaftstheorie und dem Boden tatsächlicher Forschung liegen oft undurchdringliche Wolkenschleier. Weber wäre kein so überragender Soziologe, wenn er sich an sein eigenes Schrumpfprogramm gehalten hätte. Nur ein Beispiel: In seiner Bußpredigt der Wissenschaftsreinheit („Der Sinn der ‚Wertfreiheit' . . . ", Weber [1968, 1] S. 540) läßt er seine Zornesadern schwellen gegen die „widerwärtige Geschmacksentgleisung sich wichtig nehmender Literaten", wissenschaftlich vom „Sozialismus der Zukunft" reden zu wollen. Im *gleichen* Atemzug und Satz nennt Weber den Sozialismus eine „Phrase für die Rationalisierung der Wirtschaft durch eine Kombination von weiterer Bürokratisierung und Zweckverbandsverwaltung durch Interessenten". Ist das etwa kein Werturteil? Es ist *zumindest* eine wertende Relevanzentscheidung, in Wahrheit aber unendlich viel mehr, wenn Weber gerade diese Komponenten erstens als „wahr" und zweitens als „einzig wesentlich" für den Begriff Sozialismus erklärt.

Ein solcher Diskurs gehört zur Wissenschaft, wenn sie selbst über ihre Themen zumindest mitbestimmen will. Was vorwissenschaftlich sich in der Basis abspielt, wird durch den Diskurs nicht zur Wissenschaft. Es wird aber in die Selbstreflexion der Wissenschaft einbezogen und kann so — in Grenzen — verändert werden[32].

Der Reflexions- und Legimationsprozeß aber ist vollgültiger Teil jeder Sozialwissenschaft.

Die Wertentscheidung ist nicht beliebig. Wir haben darauf hingewiesen, daß es in der Sinnprovinz objektive Zusammenhänge gibt[33]. Damit gibt es auch zwingende Argumente oder zumindest gute Gründe. Was Kuhn für das dezisionistische Element in naturwissenschaftlicher Theoriewahl sagt, gilt — in geringerem Maße — auch hier: Es gibt „gute Gründe" für eine Wahl, nicht nur mystische oder psychologische Argumente. „I am, however, insisting, that such reasons constitute values to be used in making choices rather than rules of choice[34]."

Wir beziehen Wertentscheidung in jene Wissenschaft ein, die sich auf einem Kontinuum vom reinen Ansich über das soziale Ding bis zum reinen Füruns bewegt. Damit wird dies Kontinuum zur Basis auch der Wertentscheidung und diese selbst zum Kontinuum. An dem einen Endpunkt ist sie festgelegt, am anderen frei verfügbar.

a) Topik als praktische Philosophie

Die Dezision muß sich in einer historischen Sinnkontinuität bewähren. Der dazu geführte moralische Diskurs ist eine Art von *topischem* Verfahren. Also eine problemorientierte denkerische Techne, die von allseits akzeptierten, (nur) dadurch „evidenten" Gesichtspunkten ausgeht und die passenden Prämissen sucht[35]. Sowohl die Probleme wie auch die überzeugenden Gesichtspunkte stammen aus einem „vorhandenen Verständniszusammenhang"[36]. Einzige Kontrollinstanz ist die Diskussion[37].

„Topik ist . . . auf praktische Zwecke, nämlich auf Überredung zu einem Handeln, nicht auf apodiktische Wahrheit gerichtet[38]."

---

[32] Eine ähnliche Hoffnung wie die von Gouldner: Reflexive Soziologie werde es schaffen, basis-feindliche Information anzunehmen, vgl. oben I (8).
[33] Vgl. oben IV am Anfang.
[34] Kuhn (1970, 2) S. 261 f.
[35] Viehweg (1953) S. 15, 22—24.
[36] Ebd. S. 17.
[37] Ebd. S. 24.
[38] Wieacker (1970) S. 328. Hennis (1963) S. 89 ff. hebt die Notwendigkeit der Topik für die praktische Vernunft des politischen Handelns hervor.

IV. Ort der Soziologie zwischen Ansicht und Werturteil

Im moralischen Diskurs suche ich die eigenen Prämissen als die zu den zentralen Topoi der gesellschaftlichen Tradition passenden auszuweisen. Dann kann ich von den derart legitimierten Prämissen deduktiv weitere Folgerungen ableiten, die zu neuen akzeptierten Topoi werden können.

Schon aus diesem Grunde ist das topische Denken mit dem systematischen nicht derart unverträglich, wie Viehweg[39] meint. Einerseits werden Systeme nicht aus reiner Logik geboren, sondern haben ihre Motiv-Wurzeln in einer Basis, zu der topische Vorannahmen gehören. Andererseits kann von topisch ausgewiesenen Wertprämissen sehr wohl „systematisch" etwas abgeleitet werden — selbst ein ganzes System, eine explizite Gesellschaftstheorie.

Mit Topik ist also keine unverbindliche Überredungskunst gemeint, die sich unverbundener gutklingender Redensarten bedient. Zum einen Teil überzeugt sie: Wenn sie von objektiven Zusammenhängen in vollzogenem Handeln spricht. Zum anderen Teil überredet sie: Wenn sie eine bestimmte Wertentscheidung als geeigneten Eckstein beim Weiterbau der sozialen Realität empfiehlt.

Der moralisch-wissenschaftliche Diskurs setzt einen Grundkonsens voraus. Man steht mit den Gesprächspartnern auf einer gemeinsamen Basis vollzogenen Handelns. Die Werturteile, um die es geht, stammen aus einem geschichtlichen Handlungszusammenhang und ordnen sich in ihn ein. Dessen Kontinuität schafft Maßstäbe, schafft zumindest einen Rahmen für Wertung. Ein historisch gewordener und weiter werdender Konsens setzt Standards für diejenigen, der mit seiner Wertung ernstgenommen werden will. Diese Standards sind in Wissenschaftsinstitutionen verfestigt, die bestimmen, welche Köpfe bei der Feststellung des Konseses gezählt werden. Insoweit ist Wahrheit institutionalisiert — ist Machtfrage[40].

Innerhalb dieses Rahmens sind jedoch noch sehr verschiedene, auch gegensätzliche Wertentscheidungen möglich. Sowohl der konservative Gehlen wie der revolutionäre Lukács bleiben „im Rahmen" der Soziologie. Ihre Wertvoraussetzungen und -entscheidungen sind innerhalb des von ihnen gewählten Handlungszusammenhangs im Rahmen historischer Sinnkontinuität plausibel. Mehr wird nicht gefordert[41].

---

[39] Viehweg (1953) S. 21.
[40] Kuhn (1967) S. 209 und vor allem (1970, 2) S. 252 ff. weist auf die „community structure of science" hin. Die soziologische Grundlage wissenschaftlicher Wahrheit ist u. a. das Rekrutierungs- und Sozialisationssystem der wissenschaftlichen Gemeinschaft.
[41] Jedenfalls nicht durch den allgemeinen Minimalkonsens, der aussagt, wer überhaupt als Wissenschaftler ernstgenommen wird. Einigt man sich auf ein engeres Konsenssystem, sprich Paradigma, etwa ein sozialistisches, so kann man Gehlens Wertung „widerlegen".

2. Teil: Der Ort des Werturteils in der Wissenssoziologie

Konstruieren wir das Beispiel einer Wertung, die aus dem Rahmen fällt. Sozialtheoretiker X will die Probleme der amerikanischen Gesellschaft erklären. Er spricht dabei nicht von Kapitalismus, Imperialismus und Rassenkrieg; auch nicht von industrieller Revolution, demokratischer Leistungsgesellschaft und Bürokratisierung. Die einzige ihn interessierende Variable ist die „soziale Disharmonie", und die erklärt er mit dem Abfall des ursprünglich puritanischen Amerika von Gott.

Dieser X würde wahrscheinlich überhaupt nicht als Sozialwissenschaftler gezählt, sondern als Prediger. Wie die einst zur Astronomie gehörenden Astrologen, würde er aus dem wissenschaftlichen System kurzerhand ausgegrenzt. Warum? Weil seine Wertung „widerlegt" ist? Eher wohl deshalb, weil er einen privaten Sinnhorizont hat. Er verschmilzt ihn nicht mit dem seiner Zeitgenossen. Genauer: Der zeitgenössischen Wissenschaftler. Noch genauer: Derjenigen Zeitgenossen, die institutionell in den Kreis rekrutiert werden, dessen Köpfe bei der Herstellung eines wissenschaftlichen Grundkonsenses gezählt werden. X vernachlässigt das Problembewußtsein dieses Kreises, entzieht sich der historisch-institutionellen Sinnkontinuität.

Nun ist „Rassenkrieg" sicher keine bloße Sinnschöpfung. Es ist eine sinnhafte Struktur von harten Fakten. Die Relevanz dieser Fakten und ihre Zusammenfassung unter einem Inbegriff („Rassenkrieg") ist zwar eine Wertentscheidung über Relevanz. Aber sie steht nicht im Belieben des einzelnen, sondern ist in einem gemeinsamen Sinnhorizont historisch verfestigt. Sie ist zum sozialen Ding geworden. Man kann dies soziale Ding kaum leichter aus der Welt schaffen als man behaupten kann, der Stein falle bergauf.

Hier haben wir die methodische Rechtfertigung für Gouldners Werturteil Typ (1)[42] gegen Parsons. Er wirft ihm vor, mit seiner Auslassungsstrategie Tatsachen zu unterschlagen, die das historische Sinnsystem aller Konsensfähigen aufdrängt.

Die kritische Instanz eines solchen Arguments ist die Plausibilität, der im gemeinsamen Sinnsystem begründete „common" sense. Es ist kein „Beweis" gegen Parsons möglich nach dem Muster $2 \times 2 \neq 5$, sondern nur ein topisches Verfahren. Auch Gouldners andere Werturteile, vor allem Typ (4) (Auswechselung von Bereichsannahmen)[43], ließen sich als topische Argumente rekonstruieren.

---

[42] Vgl. oben I.
[43] Ebd.

IV. Ort der Soziologie zwischen Ansicht und Werturteil 69

b) *Zum Beispiel: Topische Jurisprudenz*

All diese Andeutungen lassen das Verfahren topischer Wertbestimmung immer noch im Dunkel verdächtiger Vagheit. Vielleicht ist Topik doch nichts anderes als ein Fremdwort für Geschmackswillkür, sophistische Scheinlogik oder einfach allgemeines Gerede. Negt spricht etwa in diesem Sinne von „sozialer Topik", wenn er abgeplattete Redensarten wie „die da oben" im Auge hat[44].

Es könnte aber sein, daß der praktische Gebrauch topischer Verfahren in der Jurisprudenz ein konkretes Paradigma für sozialwissenschaftliche Wertbestimmung bietet[45].

Eine einflußreiche Schule in der deutschen Rechtswissenschaft rekonstruiert das juristische Argumentieren als topischen Überzeugungsprozeß[46]. Ich behaupte, daß dies juristische Verfahren nicht nur als Metapher, Parallele oder „kraft Familienähnlichkeit" (Wittgenstein) den sozialwissenschaftlichen Wertediskurs veranschaulicht, sondern als dessen *Spezialfall* gelten darf.

Bevor wir am Beispiel der Jurisprudenz zeigen, daß der topische Diskurs ein stringentes Verfahren mit praktischen Ergebnissen ist, setzen wir uns mit einigen naheliegenden Einwänden gegen die Übernahme dieses Modells in den sozialwissenschaftlichen Wertediskurs auseinander.

(1) Erster Einwand: Die Juristen arbeiten mit einem *System* von Gesetzen, die kraft positiver Setzung gelten. Hätten die Sozialwissenschaftler dergleichen, so brauchten sie keinen Diskurs über Geltungsansprüche von Normen.

(2) Zweiter Einwand: Der juristische Diskurs wird nicht durch allseitige Überzeugung, sondern durch richterlichen Machtspruch beendet. Der Spruch wird verbindlich durch die Macht nicht des Arguments, sondern des Staates.

Dagegen läßt sich sagen:

(1) Das System positiver Gesetzesnormen hat seine Parallele in der Geltung einer sozialwissenschaftlichen Tradition. Die normativen Ele-

---
[44] Zit. nach Struck (1971) S. 15.
[45] Zur Unterscheidung dieses argumentierenden Topikbegriffs von der „alten", vor-vicchianischen Topik vgl. Pöggeler (1970) S. 301 ff. Es geht hier also nicht um einen ausschließlichen, historisch wie rechtstheoretisch gleichermaßen treffenden Begriff.
[46] Hauptvertreter: Viehweg (1953). Im angelsächsischen Rechtsraum, wo von vornherein weniger Systemdenken zu überwinden war und „Topik" sich deshalb nicht eigens als Gegenprogramm konstituieren mußte, bilden die Theorien des „Legal Reasoning" eine Parallele. Vgl. Wieacker (1970) S. 319, Fn. 22.

mente des Paradigmas haben wir schon kennengelernt, angefangen bei der Wertbasis der zugelassenen Probleme und Methoden in Physik wie in Soziologie. Die Verbindlichkeit des Paradigmas ist durchaus vergleichbar mit dem System positiven Rechts. Entgegen dem Laienglauben folgt der juristische Geltungsanspruch der Einzelnorm für den konkreten „Lebenssachverhalt" sehr oft nicht allein aus dem positiven Gesetzessystem. Auslegung, Lückenfüllung, richterliche Rechtsfortbildung arbeiten mit Topoi in einer noch näher zu diskutierenden Weise.

So kann auch Soziologie vorgehen. Ein dem Rechtssystem vergleichbares System als Diskursgrundlage existiert allerdings nur innerhalb eines einheitlichen Paradigmas oder zwischen zwei verwandten. Ein Beispiel wäre der Diskurs zwischen zwei Marxisten verschiedener Richtungen über die Rolle der Spontaneität bei der Umwälzung der Produktionsverhältnisse. Was sie dabei an Marx, Lenin und Sekundärliteratur zitieren und ventilieren, kann es mit der Pandektenliteratur durchaus aufnehmen. Die Beschränkung des Verfahrens auf verwandte Paradigmen ist keine Hemmung. Hauptfeld der Topik ist ohnehin jeweils ein Paradigma, *innerhalb* dessen Handlungsalternativen gerechtfertigt werden sollen.

(2) Es stimmt, daß der Richter durch Machtspruch entscheidet. Seine topische Urteilsbegründung wirbt zwar um die Anerkennung der Vernünftigen, kommt notfalls aber auch ohne sie aus[47].

Dennoch ist Jurisprudenz nicht bloß Dezision, sondern topisches Argument. Die juristischen Autoren, die den Richter zu seiner Entscheidung überreden, die ihn mit Lehrbuch und Kommentar sozialisieren, entscheiden nicht selbst, sondern versuchen mit Sachargumenten zu überzeugen[48].

---

[47] Eine weitere Besonderheit des Gerichtsverfahrens liegt nicht unmittelbar auf der Ebene der Geltung von Normen, beeinflußt aber doch die Dignität der gefundenen Einzelfallnorm: der bloß „formelle" juristische Wahrheitsbegriff. Der Richter sagt selbst, daß seine Entscheidung nicht auf Wahrheit, sondern auf formellen Beweisregeln beruht. Der Kläger im Zivilprozeß mag „in Wahrheit" dem Beklagten ein Darlehen gegeben haben; wenn er es nicht beweisen kann, wird seine Klage abgewiesen, ohne daß er zum Lügner gestempelt wäre. Der Angeklagte im Strafprozeß mag den Mord „in Wahrheit" begangen haben; ist es ihm nicht voll nachweisbar (hier mit größerer Stringenz als im Zivilprozeß), so ist er freizusprechen. An dieser bloß „formellen Wahrheit" der Juristen dürfte auch Stephen Toulmins Versuch scheitern, den Wahrheitsprozeß von Logik überhaupt als Gerichtsverfahren zu rekonstruieren (Toulmin [1958] S. 7 ff.).

[48] Hier kann nicht näher eingegangen werden auf den dialektischen Prozeß zwischen juristischer Lehrmeinung, gesellschaftlichen Machtverhältnissen und richterlicher Entscheidungstradition, in der die *herrschende* Meinung", diese Mischung aus Macht und Argument (Struck), sich bildet. Analytisch läßt sich eine selbständige Rolle vernünftigen Argumentierens sehr wohl

IV. Ort der Soziologie zwischen Ansicht und Werturteil 71

Außerdem schließt die Existenz eines entscheidungsmächtigen Richters den topischen Überzeugungsprozeß nicht aus. Auch die wissenschaftliche Gemeinschaft in Physik und Soziologie ist ein Richter[49]. Wir haben schon gesehen, daß sie wissenschaftliche Todesurteile über denjenigen fällt, der die Probleme eines Paradigmas verfehlt[50].

Jetzt soll wenigstens angedeutet werden, was juristische Topik will und wie sie konkret verfährt.

Sie etabliert sich als Gegenpol zur systematischen Deduktion der Einzelentscheidung aus dem Gesetz. Logisch-deduktive Ableitungen aus „außerwirklichen Geltungspostulaten" (Gesetzen) verbürgen noch nicht „Lebensadäquanz und praktisch-moralische Richtigkeit" der Einzelfallnorm, weil die „gerechtigkeitsrelevanten Elemente des Einzelfalls notwendig infinit und inkommensurabel sind"[51].

Die Einzelfälle nisten häufig in den Ritzen und Fugen des Systems, so daß Subsumtion nicht automatisch sein kann. Häufig zeigt auch gerade der Einzelfall, daß das System um weitere Gesichtspunkte erweitert werden muß, wenn es als gerechtes überzeugend bleiben soll.

Die „offenbare Unmöglichkeit, neu hervortretende Interessen und Wertungskonflikte durch schlichte Subsumtion zu entscheiden", ruft nach einem „selbständigen, intellektuell nachprüfbaren Begründungszusammenhang mit öffentlich einsichtigen Kriterien". So entstanden im Zivilrecht rechtsdogmatische Hilfsfiguren wie die „positive Vertragsverletzung", das „Vertrauensprinzip" und die „Sphärentheorie" in der Lehre von der „Geschäftsgrundlage". Auf diese Weise tritt der „fachjuristische Rechtsfindungsprozeß" in Beziehung zu den „Konventionalregeln einer sich verändernden Gesellschaft"[52].

Feigl[53] macht es sich zu einfach, wenn er im soziologischen Diskurs das moralische Urteil im Einzelfall aus einem gegebenen Normensystem rein logisch-deduktiv „ableiten" will. Das soll eine bloße „Validierung" sein, die sich von kognitiver Logik nicht unterscheidet[54]. Als einziger

---

ausmachen. Daß dessen Spielraum von Machtstrukturen begrenzt wird, ist keine Besonderheit der Jurisprudenz, sondern läßt sich auch im sozialwissenschaftlichen Paradigma nachweisen.

[49] Vgl. Kuhn (1970, 2) S. 254: Wissenschaftliche Gemeinschaft als „exclusive judge".
[50] Vgl. oben, IV. 3 a am Ende.
[51] Wieacker (1970) S. 323.
[52] Ebd. S. 316—319.
[53] Feigl (1971) passim, insbes. S. 434 ff.
[54] Feigl (1971) S. 434. Entsprechend verstand ein veraltetes, heute allgemein (auch von den Systematikern) aufgegebenes juristisches Systemdenken die Einzelfallentscheidung als reine „Rechtserkenntnis", als kognitives Erkennen dessen, was das als lückenlos postulierte System gerade für diesen Fall vorschreibt.

dann noch nötiger „existentieller" Schritt bleibt der „Akt"[55] des Bekennens zu einem bestimmten moralischen Normensystem. Dessen pragmatische Rechtfertigung (Vindikation) ist eine „Antwort auf unsere Lebenserfahrung", die zu individuellen Interessen und sozialen Idealen geführt hat. Der Rest ist bloße Deduktion.

Gerade in Jurisprudenz, wo ein Normensystem positiv existiert, zeigt sich, daß es mit purer Deduktion nicht geht. Im moralischen Diskurs gibt es keine systematisch-deduktiv eindeutige „Priorität zwischen Standards" (Feigl)[56]. Vielmehr durchdringen und relativieren sich verschiedene Standards im konkreten Fall. Oft zeigt sich erst in der Normanwendung, welcher von mehreren Gesichtspunkten diesmal „ausschlaggebend" sein muß.

Topik nimmt also die Elemente des Systems nur als „Bauelemente oder Vorformen einer noch zu findenden und zu gestaltenden Rechtsregelung"[57]. Im Extremfall kombiniert sie „kreativ . . . freigewählte Konstruktionselemente kraft juristischer Phantasie"[58].

Struck unterscheidet bei den Topoi zwischen „Gesichtspunkten" und „Sachargumenten"[59]. Ein Sachargument legt eine bestimmte Entscheidung nahe, während ein Gesichtspunkt (z. B. „Gerechtigkeit", „Sittengesetz") Leerformel für entgegengesetzte Entscheidungen sein kann. Ein Beispiel für ein Sachargument: „Der Berechtigte verwirkt sein Recht, wenn er im Verpflichteten den Glauben hervorruft, er werde sein Recht nicht geltend machen, und wenn der Verpflichtete danach im Vertrauen hierauf disponiert hat." Dies ist einer aus einem dicken Buch voller Rechtsprechungs-Topoi, die zusammen den einzigen (wandelbaren) Inhalt des lapidaren § 242 des Bürgerlichen Gesetzbuches abgeben. Dieser befiehlt, wörtlich oder systematisch betrachtet, nichts und alles: Rechtspflichten seien „nach Treu und Glauben mit Rücksicht auf die Verkehrssitte" zu erfüllen.

Der ganze Grundrechtskatalog (außer Art. 7) des Grundgesetzes ist interpretierbar als Katalog von Generaltopoi (Gleichheit, Gewissens- und Meinungsfreiheit usw.). Gesetze sind häufig nur Positivierungen längst gebräuchlicher richterlicher Topoi; so der ab 1975 geltende § 34 des Strafgesetzbuchs[60], der lediglich den längst geltenden reichsgerichtlichen Topos vom rechtfertigenden Notstand wiederholt.

---

[55] Feigl (1971) S. 431.
[56] Ebd. S. 435.
[57] Henkel (1964) S. 416 ff.
[58] Wieacker (1970) S. 323.
[59] Struck (1971) S. 14.
[60] Bundesgesetzblatt I 1969 S. 721.

Welcher Topos im konkreten Fall anwendbar ist, entscheidet eine an den Grundwerten „überzeugend-vernünftig-gerecht"[61] orientierte Abwägung von Argumenten. Dabei ist oft nicht ein einziger „Grundgedanke" ausfindig zu machen, sondern mehrere Topoi durchdringen und begrenzen einander.

Der konkrete Fall sei: Ich werde von einem Geisteskranken mit einem Stock angegriffen. Ich könnte fliehen oder meinen scharfen Hund auf ihn hetzen. — Jetzt durchdringen sich mehrere Topoi. Das Notwehrprinzip besagt: „Das Recht braucht dem Unrecht nicht zu weichen". Unrecht, also im Widerspruch zur Rechtsordnung, ist auch die (schuldlose) Tat eines Kindes oder Wahnsinnigen. Ich darf also den Hund loslassen? Nein: Notwehr hat auch eine (im System des Gesetzes keineswegs offenbare) Sanktionskomponente: „Wer rechtswidrig angreift, wird vogelfrei". Bei Kindern und Wahnsinnigen ist diese Sanktion nicht gerechtfertigt. Also muß ich fliehen, wenn es mir ohne Gefahr und ohne großen Schaden möglich ist[62].

Nun würden sicher auch die Gegner der Topik unter den Juristen, die Systematiker, für sich in Anspruch nehmen, mit ihrer Methode das gleiche Ergebnis zu begründen. Am praktischen Argumentieren im juristischen Einzelfall ist der Systematiker vom Topiker längst nicht so klar zu unterscheiden wie in ihre Polemiken über die wahre Methode. Tatsächlich kommt der eine nicht ohne einen heimlichen Griff in den Handwerkskasten des anderen aus.

Wieacker[63] weist nach, daß weder die deduktiv-systematische noch die induktiv-pragmatische Methode der Rechtsfindung für sich allein der Forderung nach allgemein anerkannten Entscheidungsregeln genügt. Dazu gehört systematische Normgerechtigkeit (Vorhersehbarkeit der Entscheidung) ebenso wie pragmatische Fallgerechtigkeit (Schmiegsamkeit an den Lebenssachverhalt). Jurisprudenz ist also ein „Zusammenspiel deduktiv-axiomatischer und induktiv-aporetischer Verfahren und ihr Koinzidieren in einem praktischen Richtigkeitsurteil"[64].

c) Topik und Soziologie

Damit ist klar, daß der topische Diskurs nicht reine Existenz ohne Logos ist, keine vom System abgelöste Dezision. Diese Einsicht sollte das „Ärgernis" der Topik (Wieacker)[65] für den um System ringenden Sozialwissenschaftler lindern.

---

[61] Struck (1971) S. 38.
[62] Ebd. S. 56.
[63] Wieacker (1970) S. 332 f.
[64] Wieacker (1970) S. 333.
[65] Ebd. S. 329.

Mit dem topischen Diskurs auf systematischer Grundlage ist das Verfahren gefunden, das praktische Wertfragen zwar nicht „beweisbar" macht, wohl aber — entgegen Max Weber — „austragbar". Den „Dämonen"[66] der Wertsphäre ist damit eine Gewaltenteilung mit der Rationalität abgenötigt: eine konstitutionelle Monarchie oder rationale Dämonie.

Der Jurisprudenz ist oft der Wissenschaftscharakter abgesprochen worden, weil sie Diskurse über Handlungsanweisungen führt statt „Seinsgesetzlichkeiten" zu katalogisieren. Wer Wissenschaft allein mit Erkenntnis von Seinsgesetzen gleichsetzt, der mag mit der Jurisprudenz getrost auch die Soziologie zur „bloßen Kunstlehre" rechnen[67]. Denn sicher ist jener Teil von Soziologie, den wir den Diskurs über Werte nennen, ebenfalls Handlungsanleitung in problematischen Lebenssituationen. Das ist Neusüß[68] entgegenzuhalten, wenn er Mannheim vorwirft, seine Wissenssoziologie sei gar keine empirische Sozialwissenschaft, sondern Philosophie, insofern er Werturteile begründen wolle. Wohin Soziologie führt, die Philsophie abschüttelt, haben wir gesehen[69]. Neusüß' verabsolutierende Entgegensetzung Empirie/Werturteil könnte von Weber stammen.

Die anderen Teile von Soziologie, die auf unserem Kontinuum dem Ansich-Pol näherstehen, sind ohne den moralischen Diskurs und seine Ziele nur verkürzt und verdinglicht zu verstehen. Denn das ganze Unternehmen Soziologie, angefangen bei der ersten Definition einer „sozialen Tatsache", dient den Zielen, um die im Diskurs gerungen wird.

Noch ein Wort zu einem Mißverständnis, das nach allem, was zur „Basis" von Theorie gesagt ist, nur noch als böswilliges möglich ist. Der Diskurs ist kein etherisch-ethisches Argumentieren freischwebender Individuen. Was vorgebracht wird, sind nicht „reine" Vernunftgründe, sondern zum guten Teil Vorannahmen und Emotionen auf der Grundlage gesellschaftlicher Interessen. Deshalb wird im Diskurs öfter affirmiert als gerungen.

Andere als topische Wertkriterien kann eine Wissenssoziologie in der Art von Mannheim und Gouldner nicht hervorbringen. Eine andere Soziologie auch nicht, mag sie sich noch so systematisch und seinsgesetz-

---

[66] Weber (1968, 1) S. 493: Außerhalb der Wissenschaft möge der Professor (wertend) tun, was „sein Gott oder Dämon ihn heißt". Vgl. auch Weber (1968, 2) S. 613: Jeder soll dem Dämon gehorchen, „der *seines* Lebens Fäden hält".

[67] Pöggeler (1970) S. 304: Die Topik ist deshalb nicht im engeren Sinne Wissenschaft, sondern ... Rückbindung von Wissenschaft an „Leben", „Praxis", „natürliche Sprache". Sie bleibt in diesem Sinne „Kunst", mag sie auch ihre eigene Weise der methodischen Ausbildung erhalten.

[68] Neusüß (1968) S. 26.

[69] Vgl. oben, Erster Teil, III. 3.

lich in die Brust werfen. Aber Wissenssoziologie müßte am ehesten in der Lage sein, zu erkennen und zuzugeben, daß ein Mehr an Wertkriterien nicht objektivierbar, sondern nur durch subjektive Setzung möglich ist.

V. Einwände

1. Wertungspositivisten

a) Horkheimer

Horkheimer will solchem Wertrelativismus entgehen, indem er „Werturteile" als selbständiges Element neben dem Beobachten überhaupt für überflüssig erklärt[1]. Entscheidungen, so meint er, gehen aus der Tatsachenerkenntnis selbst hervor.

Sein Beispiel: Ergibt die Betrachtung der historischen Situation zur Zeit der Naziherrschaft, daß die Menschheit von einem „totalitären, menschenverachtenden System" überwältigt zu werden droht, so „drängt sich der Impuls zum Widerstand auf". — Dies aber nur deshalb, weil Horkheimer seine Entscheidung zum Widerstand bereits in die Tatsachenerkenntnis eingebaut hat, in die Subsumtion des Dritten Reiches unter dem Wertbegriff „menschenverachtendes System".

Aus Horkheimers Beispiel folgt keineswegs die Entbehrlichkeit der Wertentscheidung. Im Gegenteil: Es folgt ihre Unentbehrlichkeit bereits im Stadium der Tatsachenerkenntnis, der Konstruktion von Realität. Mit Horkheimer teilen wir also die Überzeugung, daß Tatsachen und Werte unentwirrbar sind. Man kann und soll allerdings analytisch und graduell sehr viel sauberer unterscheiden als Horkheimer es hier tut[2]. Von Horkheimer trennt uns, daß er eine bestimmte (seine eigene) Wertentscheidung bei der Konstruktion von Realität für die einzig mögliche hält.

Horkheimer hierfür mit dem Verdikt „Wertungspositivist" zu belegen, mag hart erscheinen. Aber er hat es verdient. Der Erzpositivist Geiger will reine Tatsachenerkenntnis, ja ganze Theorien, von jedem Zusatz emotionaler Stellungnahme und Entscheidung rein erhalten. Genauso platt, wie für Geiger die Tatsache samt Theoriezusammenhang einfach „da" ist, genauso positiv ist für Horkheimer die Wertentscheidung mit der Tatsache gegeben[3].

---

[1] Horkheimer (1970, 2) S. 310.
[2] Vgl. oben, Erster Teil, V. 2 b, Fn. 30.
[3] Das soll kein Verdikt über Horkheimers Theorie im ganzen sein, sondern nur über die logische Implikation der eben zitierten Äußerung.

So kommt es zu einer kuriosen Übereinstimmung zwischen den feindlichen Geistern. Geiger sagt: „Werturteil ist . . . reine Ideologie ohne allen echt-theoretischen Gehalt[4]." Horkheimer sagt: Die Welt „bedarf nicht eines außer ihr befindlichen Prüfsteins" (des selbständigen Werturteils)[5]. In beiden Fällen ist Theorie fix und fertig, positiv, dem Weltbeobachter gegeben, ohne daß dieser beim Theoretisieren erst eine kontingente Wertenscheidung treffen müßte. Comme les extrêmes se touchent...

b) Sklair

Wir haben einen Bereich anerkannt, in dem Wertung nicht erzwingbar, sondern frei verfügbar ist. Eine bestimmte Wertung erzwingen, und zwar mit Mitteln der Logik, will Leslie Sklair mit seiner soziologischen Ethik[6].

Wenn ich erkläre, das Wohl der Armen sei mir gleichgültig, ich sei dafür, daß die Reichen reicher würden, so kann mir niemand diese Wertentscheidung „widerlegen". Aber im Rahmen des beschriebenen historischen Wertkonsenses sind gewisse Werturteile fast zu sozialen Dingen geworden, vorgegeben. Aus diesem Grunde allein wird heute kaum jemand sagen, das Wohl der Armen lasse ihn kalt. Selbst wenn er tatsächlich nach dieser Maxime handelt, wird er auf das Feigenblatt der akzeptablen Wertformel nicht verzichten. Irgendwie wird er darlegen, wie Menenius Agrippa[7], daß eine Politik zugunsten der Reichen schließlich von allem den Armen nützt.

Der Wertkonsens einer oder mehrerer Gesellschaften bezieht sich leichter auf allgemeine Formeln als auf konkrete Entscheidungen. Sklair versichert[8]:

„We may safely hold that all social men will prefer justice, and that as an ideal ... it provides an indisputable basis for the construction of a system of social relations."

Nun ja, kaum einer wird sagen, er sei gegen die Gerechtigkeit. Was aber ist Gerechtigkeit? Gleichheit vor dem Gesetz? Über dies „majestätische" Prinzip spottet Anatole France, es verbiete dem Reichen ebenso wie dem Bettler, Brot zu stehlen und unter Brücken zu schlafen. Die preußisch-ständische Maxime „Suum cuique" berief sich ebenso auf Gerechtigkeit wie das Kommunistische Manifest[9].

---

[4] Geiger (1970) S. 232.
[5] Horkheimer (1970, 2) S. 311.
[6] Sklair (1970).
[7] Dieser römische Patrizier überzeugte die streikenden Plebejer, ihnen komme das Wohl der Patrizier ebenso zugute wie das des Magens den arbeitenden Händen.
[8] Sklair (1970) S. 154.

"Indisputable" ist also nur das Wort, nicht der Inhalt. Der scheinbare Wertkonsens ist kaum mehr als ein linguistisches Phänomen. Wörter wie „Gerechtigkeit" und „Freiheit" sind sprachlich eindeutig wertbesetzt. Gerechtigkeit ist gut — das heißt so viel wie: Das Gute ist gut.

Sicher geht der Wertkonsens auf einer bestimmten historischen Sinnstufe viel weiter als bis zu einer Leerformel. Ein Dreiklassenwahlrecht war vor hundert Jahren mit einer ständischen Gerechtigkeitsvorstellung vereinbar. Heute ist es in allen Industriestaaten selbstverständlich, daß jede Stimme den gleichen Zählwert haben muß. Daß damit die Wertfrage nach der „gerechten" Machtverteilung noch nicht beantwortet ist, bedarf keiner weiteren Darlegung.

Sklair begnügt sich aber nicht mit einem faktischen Wertkonsens. Er macht sich anheischig, seine Wertentscheidung als die einzig mögliche zu beweisen. Moralische Entscheidungen folgen zwar nicht aus der Logik, wohl aber aus der Soziologie. Funktionale Erfordernisse, auf die um des Überlebens willen keine Gesellschaft verzichten kann, sollen selbst komplexe Wertfragen beantworten.

Sklair bringt eine Handvoll individueller und sozialer Grundbedürfnisse. Zum physischen Überleben braucht der Einzelmensch Nahrung, Wohnung, Schlaf; die Gesellschaft Fortpflanzung, Kommunikation, Erziehung, Motivation. „Abgeleitete" Bedürfnisse des Einzelmenschen sind Stabilität der Persönlichkeit und Erkennungsvermögen. Bei der Gesellschaft sind es Rollendifferenzierung, Präferenzsystem, Institutionalisierung (S. 190 f.).

Daß Nahrung funktionales Erfordernis ist, steht so fest wie nur irgendeine Naturbeobachtung. Ob „Stabilität der Persönlichkeit" und „Rollendifferenzierung" an dieser Eindeutigkeit teilhaben, ist mehr als zweifelhaft. Daß Auswahl, Akzentuierung und Begrenzung der Grundbedürfnisse nur so und nicht anders gedacht werden können, ist weniger gewiß als daß der Mensch essen muß.

Dennoch wollen wir Sklairs Liste einmal als „evident" hinnehmen. Wir wollen auch darüber hinwegsehen, daß „Stabilität der Persönlichkeit" und „Präferenzsystem" längst nicht so eindeutige Aussagen sind wie „Nahrung" und „Schlaf". Wir wollen also von Sklairs Liste einmal ausgehen. Was folgt daraus für konkrete Wertentscheidungen?

Nach Sklair sehr viel. Mit seiner soziologischen Ethik will er folgende Wertfragen entscheiden: Ist das Raumfahrtprogramm gerechtfertigt? Darf man genetisches Material manipulieren, etwa um das Geschlecht des Embryos zu beeinflussen[10]?

---

[9] Mannheim (1964) S. 430 exemplifiziert die Verschiedenheit von Entscheidungen hinter demselben Begriff am konservativen und liberalen Freiheitsbegriff.

Es ist offenbar, daß derart hochkomplexe Entscheidungen aus Sklairs simplen funktionalen Universalien nicht von selbst hervorgehen. Sklair hilft sich mit einer wertbesetzten Vokabel, die wir als Scheinbeweis bereits kennen: Seine soziologische Ethik gelte nicht für alle Gesellschaften, sondern nur für die „humanen". Welche sind das? Die, in denen „Gerechtigkeit" herrscht[11].

Sklair versucht, Gerechtigkeit zu operationalisieren: Sie erfordert, die Präferenzsysteme aller Mitglieder der Gesellschaft zu berücksichtigen. Hier endet Sklair aber gerade an der Stelle, wo die Kontroverse einsetzt: Wie nämlich die „gebührende" Berücksichtigung aussieht (zumal doch die klarste Antwort, „Allen das Gleiche", durch die funktionale Universalie „Rollendifferenzierung" gerade ausgeschlossen sein dürfte).

Sklairs Wertentscheidung über das Raumfahrtprogramm ist deshalb eine Wertung wie jede andere, keine zwingende Ableitung aus irgendetwas. Die „space race" sei ein Luxus ohne großen Gewinn, meint er. („Gewinn" nach welchen Kriterien?). „Nichts beleidigt die Sittlichkeit einer Gesellschaft mehr als der Luxus weniger im Angesicht der Not der anderen[12]."

Hätte man zu dieser Meinungsäußerung nicht auch ohne den Aufwand an funktionellen Universalien kommen können? Die Wertentscheidung ist wiederum, wie bei Horkheimer, in der Akzentuierung des Tatbestandes enthalten: Beim Raumfahrtprogramm komme nichts (Wertvolles) heraus.

In Wahrheit ist Sklairs Methode ein topisches Verfahren. Er beweist niemandem etwas, sondern bemüht sich, in einem moralischen Diskurs zu überzeugen. Sein Verdikt „Der Luxus weniger im Angesicht der Not vieler ist unmoralisch" ist ein Topos, der auf der gegenwärtigen historischen Sinnstufe die meisten überzeugt (Einen Pharaonen hätte Sklair damit nicht vom Pyramidenbau abhalten können). Nun kommt es darauf an, plausibel zu machen, daß Raumfahrt „Luxus" ist. Man beruft sich auf Präferenzsysteme, die man mit dem Gegenüber teilt, also weitere Topoi. Es sind nicht nur unverbundene gutklingende Redensarten. Vielmehr kann ein so umfassendes Präferenzsystem wie „Wohlfahrtsstaat", in hochentwickelten Industriestaaten kaum noch umstritten, einen Rahmen setzen, innerhalb dessen Werturteile sich bewegen müssen. Das Werturteil „Wer sich nicht selbst helfen kann, soll verkommen" ist dadurch offenbar ausgeschlossen. Die eigentlich kontroverse Frage, wie der Wohlfahrtsstaat im Einzelfall zu verwirklichen sei, bleibt

---

[10] Sklair (1970) S. 217 ff.
[11] Sklair (1970) S. 197.
[12] Ebd. S. 227.

freilich offen genug. Mit Topoi in der Art von Sklair kann man in der Diskussion immerhin weiterkommen.

2. Habermas' Diskurs — topisches Verfahren und selbst ein Topos

Habermas' moralischer Diskurs[13] ist offenbar so etwas wie unser postuliertes topisches Verfahren. Während wir aber die offenen Werturteilsfragen in diesem Diskurs erst erörtern wollen, will Habermas sehr weitreichende politische Wertentscheidungen schon apriorisch treffen. Wer überhaupt mit irgendwem über irgendetwas spricht, der hat, so meint Habermas, denknotwendig schon apriorische Werte anerkannt[14].

Wir stimmen Habermas insofern zu, als ein topisches Verfahren sicher erst auf der Grundlage eines begrenzten Wertkonsenses möglich wird. Wir haben diesen Konsens allerdings als historisch gewordenen verstanden und nicht apriorisch, aus der Logik des Sprechens. Außerdem nimmt Habermas vieles, worüber wir im Diskurs erst debattieren wollten, als logisch unvermeidlichen Ausgangspunkt vorweg.

Sehen wir uns Habermas überhistorisch-apriorische Werte einmal an. Sie zeigen das — sehr sympathische — Gesicht von Habermas' altbekannten antiautoritären Lieblingen: Herrschaftsfreie Diskussion, symmetrische Beziehung zwischen Ich und Du, Kommunikation unter der Bedingung vollendeter Individuation, Gegenseitigkeit ungekränkter Selbstdarstellung, Einheit von subtiler Nähe und unverletzlicher Distanz. Dies alles, die „ideale Sprechsituation"[15], ist nicht bloß Ziel aufgrund einer bestimmten historischen Wertentscheidung, sondern denknotwendiger (wenn auch kontrafaktischer) Bestandteil der „kommunikativen Kompetenz"[16].

Denknotwendig, wenn auch kontrafaktisch, das kann nur heißen: Noch nicht verwirklicht, aber unzweifelhaft zur Verwirklichung aufgegeben, also *bewiesenes* Wertziel. Habermas' Fragezeichen ist also bloß

---

[13] Habermas (1971) S. 117: „Der Diskurs dient der Begründung problematisierter Geltungsansprüche von Meinungen und Normen". Wir beschränken uns hier auf den normativen, moralischen Diskurs, in dem „Rechtfertigungen" (S. 116), „Empfehlungen und Warnungen" (S. 117) gegeben werden. Wir halten beifällig fest, daß Habermas zwischen dem kognitiven und dem normativen Diskurs keinen prinzipiellen Unterschied macht.

[14] Habermas (1971) S. 140: Es „gehört zur Struktur möglicher Rede, daß wir im Vollzug der Sprechakte . . . kontrafaktisch so tun, als sei die ideale Sprechsituation . . . nicht bloß fiktiv, sondern wirklich . . . Das normative Fundament sprachlicher Verständigung ist mithin beides: antizipiert, aber als antizipierte Grundlage auch wirksam."

[15] S. 139.

[16] Habermas (1971) S. 136 ff.

rhetorisch, wenn er schreibt: „Die formelle Vorwegnahme des idealisierten Gesprächs *(als einer in Zukunft zu realisierenden Lebensform?)* ... garantiert das ... tragende und keineswegs erst herzustellende ... Einverständnis ..., über das eine Verständigung nicht erforderlich sein *darf*[17]."

Der Beweis ist nur scheinbar. Ihm liegt die Vorannahme zugrunde, Diskurs sei logisch nur möglich, wenn jeder das folgende Werturteil anerkennt: „Idealiter soll nur gelten, was nach endloser Argumentation unter symmetrischen Bedingungen schließlich rational zwingend wäre." Diese Vorannahme ist *nicht* zwingend.

Wie problematisch die Beweiskraft purer Rationalität ist, haben wir schon besprochen. Rationalität, abgelöst von Vorannahmen und Wünschen, zwingt wahrscheinlich nur zu Formalien. Der „zwanglose Zwang des besseren Arguments"[18] ist eine Vorannahme, die nach aller Ablehnung ontologischer Wahrheitsansprüche[19] doch wieder einen absoluten Richtigkeitsmaßstab behauptet, der sich bei herrschaftsfreier Diskussion schon durchsetzen werde.

Habermas' Vorannahme, nur das Ideal herrschaftsfreier Überzeugung könne überhaupt überzeugen, ist — leider — äußerst fraglich. Viele Menschen werden sich offen, wohl alle in praxi dazu bekennen, daß außer Rationalität auch Charisma, Offenbarung, traditionelle Legitimation und nackte Macht Überzeugungskraft haben. Wer der Bibel oder dem Maharishi Mahesh Yogi glaubt, der tut es nicht deshalb, weil er meint, nach einem endlosen unverzerrten Diskurs würde er selbst rein *rational* dazu kommen, die Engel singen zu hören oder die Seelen wandern zu sehen[20]. Aus solchen Glaubensüberzeugungen aber folgen doch zweifellos Normen jener Art, um die es im Diskurs geht.

Allerdings ist Habermas' Bild von der herrschaftsfreien Rationalität als alleinzuständigem Forum für Geltungsansprüche selbst ein Topos,

---

[17] Habermas (1971) S. 140; Hervorhebungen von mir.
[18] Ebd. S. 137.
[19] Vgl. S. 135.
[20] „His Holiness" der Maharishi, Meisterschüler von „His Divinity", dem Guru Dev, verlangt nicht einmal (wie sein Titularkollege, die Heiligkeit zu Rom) simplen Glauben an geoffenbarte Schriften und an deren Interpretation durch institutionalisierte Autorität. Der Maharishi, Haupt der sich ausbreitenden, durchaus ernstzunehmenden Schule der „Transzendentalen Meditation", meint wohl, durch meditative Versenkung und allmähliches Erwachen der Seelenkräfte komme der Mensch zu eigener Anschauung von Phänomenen wie der Seelenwanderung. (Vgl. Maharishi [1969], passim). Obwohl der Maharishi also weniger an gläubige Unterwerfung unter Autorität als an eigene Erfahrung appelliert, liegt das Medium der Überzeugung jenseits von Habermas' „Rationalität". Deren nicht-apriorische Natur, ihre Einbettung in bestimmte Werte einer besonderen Geschichtsentwicklung, ist ein Argument gegen Habermas.

und zwar ein kraftvoller. Die ideale Sprechsituation kann als regulatives Prinzip dienen[21]. Wenn schon Seinserkenntnis nur unter regulativen Prinzipien möglich ist[22], dann erst recht die Normenerkenntnis im moralischen Diskurs. Nur darf man aus regulativen Prinzipien keine Gottesbeweise machen.

Habermas' „ideale Sprechsitutation" ist nach seinem eigenen Zeugnis nichts anderes als die sprachtheoretische Umsetzung dessen, was wir „herkömmlicherweise mit den Ideen der Wahrheit, der Freiheit und der Gerechtigkeit zu fassen suchen"[23]. Diese Prinzipien, säkularisierte Kant-Abkömmlinge, sind keine Seinsstrukturen an sich, auch keine der linguistischen Kompetenz. Sie sind als handlungsanleitende Werte an einem Oberwert orientiert, der „Humanität des Umgangs unter Menschen"[24]. Humanität aber, das wissen wir inzwischen, kann man nicht beweisen. Für sie kann man sich nur entscheiden[25].

VI. Schlußfolgerung: Vom Wert der Wissenssoziologie

Versuchen wir eine Schlußfolgerung: Hat Wissenssoziologie nun eine überlegene Perspektive, aus der sie eine Theorie als zeitgemäß oder unzeitgemäß werten kann?

Sicher hat sie keinen archimedischen Punkt. Den muß sie, zugleich ein wenig neidvoll und mitleidig, jenen Theorien überlassen, die einen geschichtsphilosophischen Standort absolut setzen. Das heißt nicht, Wissenssoziologie sei standpunktslos. Sie kann ihre wertbestimmende Topik so gut entwickeln wie andere Theorien. Im Gegensatz zu diesen darf sie ihre Topik aber nicht als absolutes Wissen ausgeben, das zu ihr aus Lakatos' „Dritter Welt"[1] herabgestiegen ist. Denn im Gegensatz zu ihnen weiß Wissenssoziologie auch von sich selbst, daß sie Ideologie ist, daß sie einer „Weltwollung" im Sinne Mannheims entspringt, oder einer Basis im Sinne Gouldners. Weiß sie es nicht, so ist sie keine Wissenssoziologie mehr oder jedenfalls keine Reflexive Soziologie im Sinne Gouldners.

---

[21] Apel (1970) S. 124 spricht von der „idealen, unbegrenzten Gemeinschaft", die von der „reale(n) Experimentier- und Interpretationsgemeinschaft" als „Telos" gesetzt werde. Habermas (1971) S. 140 bestreitet natürlich, daß es sich (nur) um ein regulatives Prinzip handelt.

[22] Vgl. oben IV. 2.

[23] Habermas (1971) S. 139.

[24] Habermas (1971) S. 120.

[25] Wer als Sozialist dies für Idealismus hält, weil Humanität nicht aus Entscheidung folge, sondern aus dem historisch „richtigen" Klasseninteresse, der bedenke, daß der Fabrikant Engels sich für die Arbeiterklasse „entschied". Außerdem überprüfe der Betreffende seine eigene Klassenlage.

[1] Vgl. oben, Erster Teil V. 1, Fn. 7.

Wenn Wissenssoziologie erkennt, daß subjektive Entscheidung notwendig zu Wissenschaft gehört, daß Wertbestimmung für ein Handeln Anfang und Ziel von Wissenschaft ist, so braucht sie sich auch nicht zu scheuen, solche Entscheidungen zu treffen und topisch zu verfechten. Eine Entscheidung für „Humanität" etwa, mit der auch ein Wertungspositivist wie Sklair operieren muß, wird nicht dadurch schlechter, daß sie weder empirisch-funktionalistisch noch axiomatisch beweisbar ist. Wer gegen ein bestimmtes Konzept von Humanität ist, wird sich auch durch mathematische Ableitungen nicht zwingen lassen.

Jene, die ihre eigene Wertung durch Absolutsetzen eines geschichtsphilosophischen Standpunkts beweisen wollen, haben vielleicht auch weniger Angst um die Zustimmung der Andersdenkenden als Angst um die eigene Courage. Die objektivistischen Weltformeln entsprechen einem Bedürfnis ihrer emotionalen Basis. Sie würden sich ihrer Entscheidung unsicher fühlen, wenn sie nicht glauben dürften, einen Gott oder eine unaufhaltsame Geschichtsströmung im Rücken zu haben.

Insoweit ist die wissenssoziologische Wertung also weder schlechter noch besser begründbar als die Wertung einer sich absolut setzenden Theorie. Sie ist lediglich reflexiver und weiß, was sie von sich zu halten hat.

Mannheim will die Zeitgemäßheit und damit den Wert eines Denkens daran erkennen, ob es Verwirklichungschancen hat und damit im guten Sinne utopisch ist[2]. Abgesehen von der Frage, wie man solche Chancen prüfen will, würde es für ein Werturteil auch nicht ausreichen, es zu wissen. Denn in diesem Sinne wäre der nationalsozialistische Führerstaat zur Weimarer Zeit eine „wahre Utopie" gewesen, weil er Verwirklichungschancen doch offenbar hatte[3]. Hinter diesem Konzept der „Zeitgemäßheit" steckt ein Fortschrittsglaube: Was später kommt, ist jedenfalls besser. Ein Wert wie die von Sklair und Habermas berufene Humanität setzt sich aber nicht automatisch durch, sondern allenfalls durch subjektive Entscheidung und dadurch angeleitetes erfolgreiches Handeln.

Hinter das wissenssoziologische Reflexionsniveau kann man nicht ohne weiteres zurück auf die sichere Plattform einer sich absolut setzenden Theorie. Wer Wissenssoziologie mit der magischen Formel erledigen will, sie habe keinen „expliziten Begriff von Gesellschaft"[4], dem

---

[2] Mannheim (1965) S. 178.

[3] Mannheim (1965) S. 178. Mannheim könnte sich damit herausreden, der Nationalsozialismus sei deshalb Ideologie (des Kleinbürgertums oder des Krisenkapitalismus) gewesen, weil er „in der nächsten gewordenen Lebensordnung" nicht „*adäquat*" verwirklichbar war (S. 178). Damit wären wir wieder bei einem reinen Wertbegriff wie „human".

[4] So A. v. Brünneck in einer mündlichen Diskussion dieser Arbeit.

VI. Schlußfolgerung: Vom Wert der Wissenssoziologie

ist zuzugeben: Einen eigenen, originär und ausschließlich wissenssoziologischen hat sie nicht. Sie muß aber keineswegs, wie der ahistorische Anthropologe Scheler[5], auf einen Gesellschaftsbegriff verzichten, sondern kann und muß als reflexive „Zusatzmethode" sich mit einer expliziten Gesellschaftstheorie verbinden. Daß dies Verhältnis der Bedürftigkeit zwischen Wissenssoziologie und expliziter Gesellschaftstheorie ein gegenseitiges ist, muß nochmals betont werden[6].

Wer eine allzu „explizite" Gesellschaftstheorie hat, so als wäre Gesellschaft einfach an sich da und er brauchte sie denkend nur abzubilden, dem wäre etwas selbstreflexive Zurücknahme der Explizitheit, also Wissenssoziologie zu empfehlen; als ebenso gesunde wie bittere Medizin.

Die wissenssoziologische Reflexion radikalisiert sich heute noch durch den Zuwachs historischer und ethnologischer Informationen und Perspektiven. Der kulturelle Relativismus in der amerikanischen Kulturanthropologie[7] ist im Grunde eine radikal wissenssoziologische These.

In eine ähnliche Richtung muß das Bemühen um mystische Bewußtseinserweiterung führen, das C. G. Jung ebenso wie Carlos Castaneda und Timothy Leary treibt. Der Vorwurf des Irrationalismus erledigt diese Bemühungen nicht, denn heute weiß und demonstriert rationale Wissenschaft selbst, daß die Grenzen der Realität weiter sind als ihre eigenen. Die Parapsychologie ist nur ein Beispiel.

Ein anderes ist in gewisser Weise die Wissenssoziologie, denn sie zeigt, daß nicht einmal Wissenschaft selbst im Medium des Verstandes aufgeht, sondern irrationale Wurzeln hat. Leary hält bewußtseinserweiternde Drogen für das wirksamste Mittel, die Spielstruktur des westlichen Lebens[8] durchsichtig zu machen, das heißt: Die durch Rollen, Regeln, Ziele, Rituale, Sprache und Werte konstituierten Verhaltensmuster, die künstlich und kulturell sind, die also auch ganz anders gedacht werden können. Was da sinnlich angeschaut wird, mag sehr wohl dem entsprechen, was Wissenssoziologie theoretisch reflektiert. Vielleicht kommt es ihrer Aktualität zugute, daß in der emotionalen Basis

---

[5] Vgl. Lepenies (1972) S. 88 f. Man kann Schelers Metaphysik nicht der Wissenssoziologie insgesamt anlasten. Wenn Scheler den „Geist" als „hinzunehmende Voraussetzung . . . ein Problem höchstens noch metaphysischer und religiöser Ordnung" hypostasiert, dann leugnet er gerade die soziologische Erklärbarkeit des Denkens. Allenfalls die blinden Stellen und Perspektivverzerrungen des historischen Denkens sind soziologisch erklärbar, aber die angeschaute Wertewelt ist einfach da. Damit betreibt Scheler das Gegenteil von ideologiekritischer Wissenssoziologie im Mannheim-Gouldnerschen Sinne.

[6] Vgl. oben IV. 1.

[7] Vgl. Rudolph (1968) passim.

[8] Timothy Leary, How to change behaviour, in: Proceedings of XIV. International Congress of Applied Psychology, zit. nach Steckel (1969) S. 70 ff.

einer ganzen Generation der starke Drang nach sinnlicher Bewußtseinserweiterung, nach „Metaspiel" im Sinne Learys verankert ist.

Eine selbstkritische Frage zum Schluß. Wenn einer glaubt, hinter die wissenssoziologische, die relationistische Reflexion nicht zurückzukönnen — ist der dann noch tauglich zu einem konsequenten Handeln im Sinne einer sozialistischen Wertentscheidung? *Logisch* ist er an dieser Entscheidung nicht gehindert. Er kann sich einen sozialistischen Wert zum regulativen Prinzip setzen, er kann einen sozialistischen Umbau der Realität für besser halten als jeden anderen.

Aber *psychologisch* ist es unwahrscheinlich, daß er es tun, daß er im sozialistischen Sinne konsequent sein wird. Was Nietzsche dem Deutschen nachsagt: Er „ist großer Dinge fähig, aber es ist unwahrscheinlich, daß er sie tut", das gilt erst recht vom Wissenssoziologen. Denn Wissenssoziologie ergibt, wenn sie sich als Basisanalyse im Sinne Gouldners gegen sich selbst wendet, eine spezifische „Weltwollung", die einer sozialistischen als „liberal" im verächtlichen Sinne gelten muß.

Literaturverzeichnis

Albert, Hans (1969, 1): Artikel „Verstehen" in: Bernsdorf (1969) S. 1239—1241

— (1969, 2) Artikel „Wertfreiheit (Werturteilsproblem)" in: Bernsdorf (1969), S. 1279—1282

Apel, Karl (1970): Szientismus oder transzendentale Hermeneutik, in: Bubner/Cramer/Wiehl (1970) I, S. 105—144

Austin, John (1968): Performative und konstatierende Äußerung, in: Bubner (1969), S. 140—153

Bernsdorf (Hrsg.) (1969): Wörterbuch der Soziologie, Stuttgart

Berger, Peter und Thomas *Luckmann* (1969): Die gesellschaftliche Konstruktion der Wirklichkeit, Stuttgart

Bubner, Rüdiger (Hrsg.) (1968): Sprache und Analysis, Göttingen

Bubner/Cramer/Wiehl (Hrsg.) (1970): Hermeneutik und Dialektik, Band I und II, Tübingen

Bondy, François (1973): Geht der Trend nach rechts? Der Zerfall der linken Protestbewegung in den USA, Die Zeit Nr. 14, S. 9—10

Castaneda, Carlos (1970): The Teachings of Don Juan, London

Dreitzel, Peter (1972): Diskussionsvorlage zum Seminar „Theorie sozialen Rollen" am Fachbereich 11 der FU Berlin vom 13. 1. 72 (hektografiert)

Durkheim, Emile (1919): Les règles de la méthode sociologique, Paris

Feigl, Herbert (1971): Validation und Vindikation, Eine Analyse über den Charakter und die Grenzen von ethischen Argumenten, in: Albert/Topitsch (Hrsg.), Werturteilsstreit, Darmstadt, S. 417—438

Geiger, Theodor (1970): Ideologie und Werturteil, in: Lenk (1970, 1), S. 228—234

Gouldner, Alvin (1970): The Coming Crisis of Western Sociology, New York und London

Habermas, Jürgen (1968): Technik und Wissenschaft als „Ideologie", Frankfurt

— (1971): Vorbereitende Bemerkungen zu einer Theorie der kommunikativen Kompetenz, in: Habermas/Luhmann (1971), S. 101—141

Habermas/Luhmann (1971): Theorie der Gesellschaft oder Sozialtechnologie, Frankfurt

Hahn, Erich (1970): Zur Kritik des bürgerlichen Bewußtseins, in: Lenk (1970, 1), S. 144—159

Henkel, Heinrich (1964): Einführungen in die Rechtsphilosophie, München und Berlin

Hennis, Wilhelm (1963): Politik und praktische Philosophie, Neuwied und Berlin

Horkheimer, Max (1970, 1): Ein neuer Ideologiebegriff? in: Lenk (1970, 1), S. 283—303

— (1970, 2): Ideologie und Handeln, in: Lenk (1970, 1), S. 304—313

Jaspers, Karl (1956): Philosophie, Band 1: Philosophische Weltorientierung, Berlin-Göttingen-Heidelberg

Kant, Immanuel (1969): Kritik der reinen theoretischen Vernunft, in: Die Drei Kritiken, hrsg. von Raymund Schmidt, Stuttgart

Keniston, Kenneth (1971, 1): A Second Look at the Uncommitted, in: Social Policy, July/August, S. 6—19

— (1971, 2): Prologue: Youth as a Stage of Life, in: ders., Youth and Dissent, New York, S. 3—21

Kleemann, Susanne (1971): Ursachen und Formen der amerikanischen Studentenopposition, Frankfurt

Kuhn, Thomas (1967): Die Struktur wissenschaftlicher Revolutionen, Frankfurt

— (1971, 1): Logic of Discovery or Psychology of Research, in: Lakatos/Musgrave (1970), S. 1—23

— (1971, 2): Refexions on my Critics, in: Lakatos/Musgrave (1970), S. 231—278

Lakatos, Imre (1970): Falsification and the Methodology of Scientific Research Programmes, in: Lakatos/Musgrave (1970), S. 91—196

Lakatos/Musgrave (Hrsg.) (1970): Criticism and the Growth of Knowledge, Cambridge

Lenk, Kurt (Hrsg.) (1970, 1): Ideologie, Ideologiekritik, Wissenssoziologie, 4. Auflage, Neuwied und Berlin

— (1970, 2): Problemgeschichtliche Einleitung; Nachwort, in: ders. (1970, 1), S. 17—59, 423—439

Lepenies, Wolf (1972): Einführung in die Wissenschaftssoziologie, Vorlesungsmanuskript (hektografiert), Berlin

Lipset, Seymour und Philip *Altbach* (1967): Student Politics and Higher Education in the United States, in: Lipset (Hrsg.), Student Politics, New York, S. 199—252

Luhmann, Niklas (1970): Sinn als Grundbegriff der Soziologie, in: Habermas/Luhmann (1971), S. 25—100

Maharishi Mahesh Yogi (1969): Die Wissenschaft vom Sein und die Kunst des Lebens, Stuttgart

Mannheim, Karl (1965): Ideologie und Utopie, 4. Auflage, Frankfurt

— Das Konservative Denken, in: Wissenssoziologie, hrsg. von Kurt Wolff, Neuwied und Berlin 1964, S. 408—565

Masterman, Margaret (1970): The Nature of a Paradigm, in: Lakatos/Musgrave (1970), S. 59—89

Marx, Karl (1961): Zur Kritik der politischen Ökonomie, in: Marx/Engels, Werke, Band 13, Berlin (DDR), S. 3—160

Marx, Karl und Friedrich *Engels* (1953): Ausgewählte Briefe, Berlin (DDR)

Merton, Robert (1966): Social Theory and Social Structure, New York

Neusüß, Arnhelm (1968): Utopisches Bewußtsein und freischwebende Intelligenz. Zur Wissenssoziologie Karl Mannheims, Meisenheim am Glan

Nobile, Philip (1971): Einleitung in: ders. (Hrsg.), The Con III Controversy, New York, S. XI—XIII

Plessner, Helmuth (1970): Abwandlungen des Ideologiegedankens, in: Lenk (1970, 1), S. 265—282

Pöggeler, Otto (1970): Dialektik und Topik, in: Bubner/Cramer/Wiehl (1970) II, S. 271—310

Popper, Karl (1970): Normal Science and its Dangers, in: Lakatos/Musgrave (1970), S. 51—58

Reiners, Ludwig (1951): Stilkunst, 4. Auflage, München

Rudolph, Wolfgang (1968): Der kulturelle Relativismus, Berlin

Scheler, Max (1970): Kritik des Comteschen Dreistadiengesetzes, in: Lenk (1970, 1), S. 237—251

Schmidt, Raymund (1969): Kants Wirkung auf die Nachwelt, in: Kant (1969), S. 503—515

Schönke/Schröder (1972): Strafgesetzbuch, Kommentar, 16. Auflage, München

Seiffert, Helmut (1972): Einführung in die Wissenschaftstheorie II, 2. Auflage, München

Sklair, Leslie (1970): The Sociology of Progress, London

Steckel, Ronald (1969): Bewußtseinserweiternde Drogen, Berlin

Struck, Gerhard (1971): Topische Jurisprudenz, Frankfurt

Toulmin, Stephen (1958): The Uses of Argument, Cambridge

Viehweg, Theodor (1953): Topik und Jurisprudenz, München

Weber, Max (1968, 1): Der Sinn der „Wertfreiheit" der soziologischen und ökonomischen Wissenschaften, in: Gesammelte Aufsätze zur Wissenschaftslehre, hrsg. von Johannes Winckelmann, 3. Auflage, Tübingen S. 489—540

— (1968, 2): Wissenschaft als Beruf, in: Gesammelte Aufsätze zur Wissenschaftslehre, S. 582—613

Whorf, Benjamin (1963): Sprache, Denken, Wirklichkeit. Reinbek

Wieacker, Franz (1970): Zur praktischen Leistung der Rechtsdogmatik, in: Bubner/Cramer/Wiehl (1970) II, S. 311—336

Wittgenstein, Ludwig (1963): Philosophische Untersuchungen, in: Schriften I, Frankfurt

Printed by Libri Plureos GmbH
in Hamburg, Germany